图 1　新员工上班三个月“打杂”

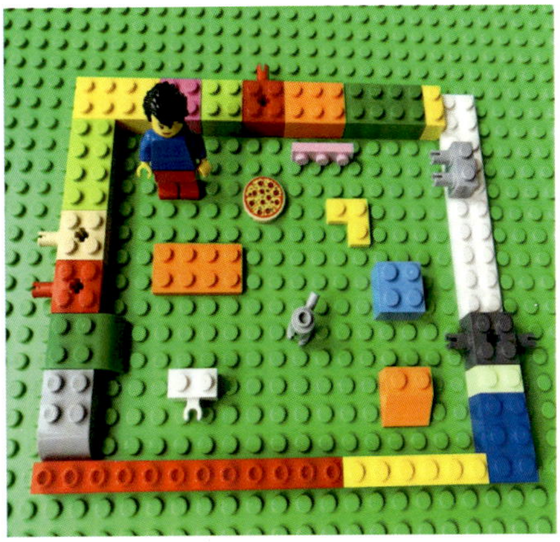

图 2　给新员工清晰的工作职责

图 3　学员搭建的授权模型：不知谁是经理谁是员工

图 4　推荐的授权方式：让员工（带帽子）“掌舵”

图 5　一个不断追求卓越的过程

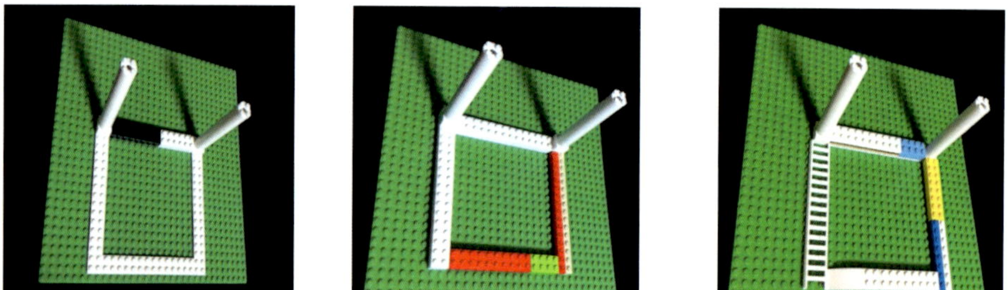

图 6　追求卓越的不同版本对比

图 7　管理者与员工不平等的关系

图 8　真实、坦诚的主管（左）和诡异、难以捉摸的主管（右）

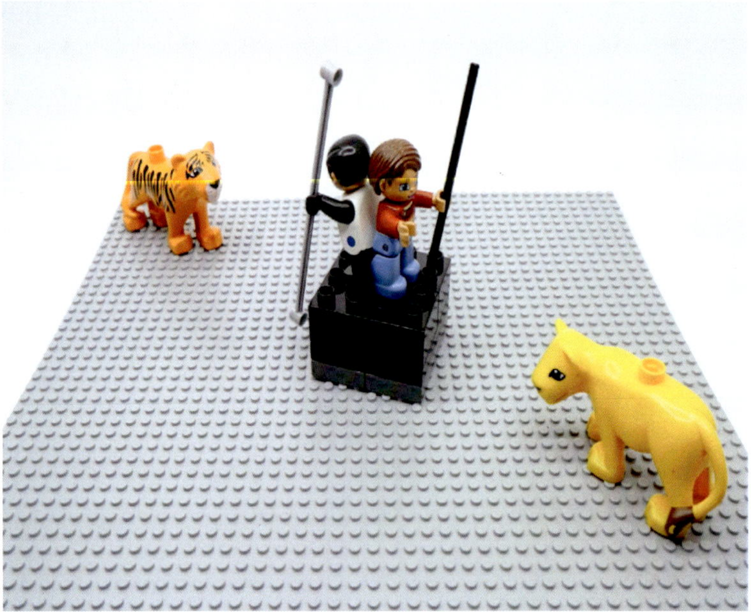

图 9　信任就是在关键时刻可以背靠背

没有反馈的工作环境：犹如被隔离的房间

有反馈的工作环境：通透、开放

图 10　没有反馈和有反馈的工作环境

图 11　缺少认可的员工和团队

图 12　员工背后的家庭成员构成了一个强大的支持体系

图 13　达到目标的多种方式

图 14　站着开会效率高

图 15　用乐高积木搭建的公司愿景 1

图 16　用乐高积木搭建的公司愿景 2

图 17　Adam 的职业发展规划

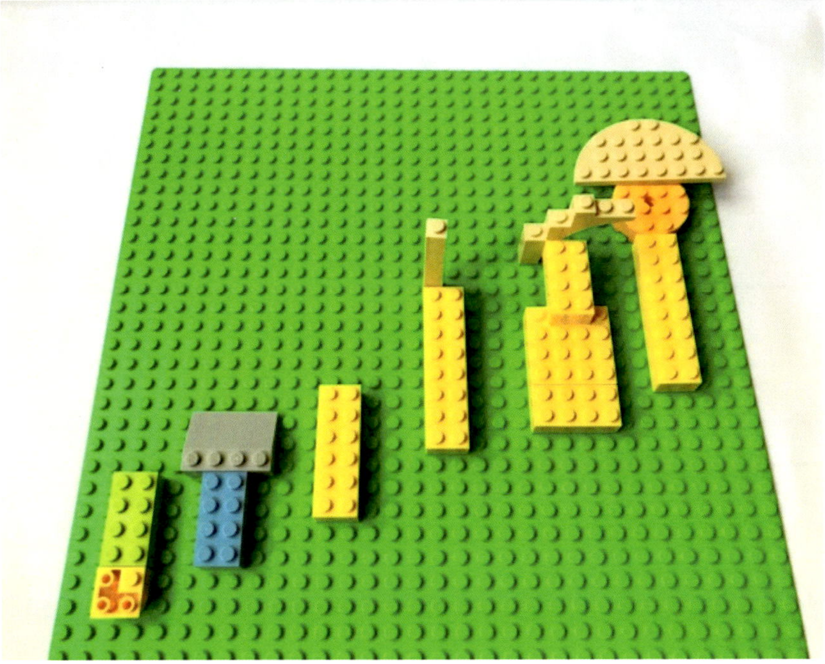

图 18　张明的专家发展路径

图 19　没有经过认真思考和规划的职业发展现状

非现金激励

如何更好激励你的下属

汪宁红　著

電子工業出版社
Publishing House of Electronics Industry
北京·BEIJING

图书在版编目（CIP）数据
非现金激励：如何更好激励你的下属/汪宁红著. —北京：电子工业出版社，2020.1
ISBN 978-7-121-37632-0

Ⅰ. ①非… Ⅱ. ①汪… Ⅲ. ①企业管理—人事管理—激励 Ⅳ. ①F272.92

中国版本图书馆 CIP 数据核字（2019）第 230370 号

责任编辑：吴亚芬
印　　刷：北京捷迅佳彩印刷有限公司
装　　订：北京捷迅佳彩印刷有限公司
出版发行：电子工业出版社
　　　　　北京市海淀区万寿路 173 信箱　邮编：100036
开　　本：720×1000　1/16　印张：12.5　字数：197 千字　彩插：4
版　　次：2020 年 1 月第 1 版
印　　次：2023 年 10 月第 4 次印刷
定　　价：55.00 元

凡所购买电子工业出版社图书有缺损问题，请向购买书店调换。若书店售缺，请与本社发行部联系，联系及邮购电话：（010）88254888，88258888。

质量投诉请发邮件至 zlts@phei.com.cn，盗版侵权举报请发邮件至 dbqq@phei.com.cn。

本书咨询联系方式：（010）88254199，sjb@phei.com.cn。

前言

谈到激励，很多管理者首先想到的就是金钱激励，似乎没有钱，就无法激励员工。当优秀人才流失时，有些管理者会把主要原因归咎于薪酬设计得不够有吸引力。然而，当 90 后进入职场，有些人表现出“不差钱”时，管理者发现金钱派不上用场了，他们会同样陷入措手不及的困境。这些都是由对激励的割裂和偏颇的理解所导致的，很容易让管理者走进死胡同。

本书通过四个层面来介绍非现金激励的思维和方法：取得成就层面、建立关系层面、不断创新层面和共创未来层面。它们构成了非现金激励的完整结构，即激励包括不断地创造业绩，以获得成就感；激励包括互信与关爱，以提升团队成员的归属感和忠诚度；激励包括提供不断创新和突破的空间，使公司和团队成员有持续的成功和成长；激励包括提供公司的未来目标和团队成员的职业发展规划，使公司和个人都有明确的方向感和目标感。

取得成就层面包括清晰职责、勇于授权和追求卓越三招；建立关系层面包括尊重与信任、认可与反馈和关爱家庭三招；不断创新层面包括快乐工作和突破创新两招；共创未来层面包括共创愿景和职业规划两招。

通过介绍非现金激励的十招，我希望为管理者打开一扇多样化、个性化的激励大门：①非现金激励把管理者的注意力从外求资源和物质激励，转移到内求资源和精神激励，调动和整合内外资源；②非现金激励帮助管理者自己和下属更好地觉察和洞察自己，从而产生更多的自我激励，他们通常有巨大的能量和潜力，但没有得到很好的挖掘和开发；③非现金激励更关注人性的全面发展，进而让每位管理者及下属更全面和更平衡地发展自己，同时促进人与人的互动和深度连接；④非现金激励努力帮助企业和个人实现持续的、长足的进步和发展，同时平衡长期、中期和短期的目标。

本书涵盖了我自2006年以来研发设计并讲授的“非现金激励”课程，以及从上百场关于激励的工作坊、与领导力相关的咨询项目和一对一教练辅导中提取的真实案例和最佳实践，也包括不少管理者的经验教训。非现金激励不是纸上谈兵，不是商学院里的理论和案例，而是实实在在可以应用在管理中的更有效的激励方法。同时本书使用乐高模型来立体展现非现金激励十招的使用方法，旨在为管理者提供一本简单易学、生动有趣的激励参考书。

本书为谁而写

2006年，我研发设计了“非现金激励”课程，开始只在中国惠普公司信息产品集团内为管理者讲授。自2009年以后，我的客户群体扩展到其他公司，既包括赛诺菲、利乐包装、绫致时装、米其林、奔驰等外企公司，也包括国航、中国电信、宇通、中国农业银行、柳工、海康威视、中国金融在线、圣牧高科等国企、央企和民企。此外，每次的工作坊和关于激励或领导力的咨询项目都为我带来了丰富的素材和新的思路，学员在激励方面的挑战和培训后的反馈成为我不断完善和充实非现金激励研究的巨大动力，同时我也发现很多类似的挑战在不断出现，它们具有一定的典型意义。为了让更多的管理者从非现金激励中受益，我决定在2018年创作此书，希望能让更多的管理者了解更丰富的激励内涵和方法，让每位有机会阅读本书的管理者真正成为卓有成效、善于激励人心的领导者。

在浏览了国内外关于激励的研究内容的基础上，我汲取了前人的智慧，结合自己对激励精髓的思考，希望给管理者带来如下四方面的好处：①激发管理者看到并能调动更多和更有效的激励资源和方法；②让管理者事半功倍，达成或超额完成绩效目标；③启发管理者更有效地自我激励，同时启发下属自我激励，更有效地保留优秀人才；④应用更全面（不是割裂）的和更平衡（不是偏颇）的管理方法。

我计划写 3～4 本关于非现金激励的书，这是第一本全面介绍性的入门书籍；我计划在未来的两年根据非现金激励的四个层面即取得成就层面、建立关系层面、不断创新层面和共创未来层面继续出版系列图书，希望给广大的管理者带来更深入的分析、更鲜活的实践案例，进而推动管理者对非现金激励的有效应用。

与其他书有何不同

国外有很多关于激励的书籍，思路新颖、方法多样，基本上把现金激励与非现金激励结合在一起介绍，而不是单独地介绍非现金激励。虽然有个别书籍的主要篇幅在介绍非现金激励，但是因为没有整体框架的支撑，管理者可能知其然而不知其所以然，难以全面掌握，进而形成自己的管理实践。况且，对长期在中国文化熏陶下的管理者和员工来说，应用国外的方法还有一定的挑战。

与国内激励方面的书籍相比较，本书有如下特色：①具有清晰的理论框架，把非现金激励的十招高度整合在四个层面里，容易掌握和应用；②理论与实践相结合，包括中西方激励理论在中国的外企、国企、民企的最佳实践分享和前车之鉴的剖析；③所有实践来自我的亲身经历，或者我的培训课程、咨询项目和教练辅导项目中客户的真实案例，可提供第一手资料；④通过乐高模型的立体展示，图文并茂、生动有趣、简单易懂；⑤注重实用性，每一招都有具体的操作流程和方法介绍，简单易学；⑥将“提供不断创新和突破的空间”作为非现金激励的方法，对 90 后和 00 后有重要意义，并配有丰富的实践案例。

总之，经过长达 12 年对中国管理者在激励方面的窘境和误区的洞察和研究，我希望本书可以为中国广大的管理者提供实用、有效、多样化的非现金激励的思维和方法。

以下为部分学员参加完“非现金激励”课程或工作坊之后的真实反馈。

上完“非现金激励”这门课，我真切地意识到改变我内敛、不善言表的性格，成了我管理团队的一个挑战。回顾过去几年的管理经历，我真的很吝啬于说出“谢谢你，你干得很好”这样的话。忽视运用认同和奖励所产生的潜在力量，不去感受员工的内心世界，不懂员工的真实需求，会让管理者走进死胡同，会让员工的工作变得索然无味，也就无法实现人才的群体优化。尽管我有很好的人际关系，尽管员工都愿意把我当作他们的知己，在他们困惑的时候习惯跟我表达他们的想法，但是由于我潜意识里对人对己的要求一向比较严苛，所以尽管有很多员工的表现都很好，但我也很少适时地表示我对他们的欣赏和认同，这或多或少地让我的员工有些挫败感。

——黄敏

上海惠普有限公司服务器供应链总监

在Nancy老师的“非现金激励”工作坊上，面对“如何激励你的一名同事或领导”的话题，我们惊奇地发现，能否有效地激励他人，不是“钱多”就好，更不是一定要“花钱”！Nancy老师的“非现金激励”为我们打开了一扇“窗”。

——赵国柱

圣牧高科公司人力资源总监

“非现金激励”在企业日常管理中有大量的运用，既是管理者的意识进阶，也是企业对人、效的觉察与进化。在中国经济发展新常态的背景下，作为企业人需要有多元化的管理手段，“非现金激励”课程的内容，能让组织中每位成员更有自驱力地做出贡献，并且为企业在市场竞争中取胜增添“装备”。

——王晓维

中国金融在线有限公司集团副总裁

所有参加过“非现金激励”课程或工作坊的学员都知道，我会在**课程或工作坊开始前**请每位管理者为自己的激励指数做一个评估，最高分为 10 分，最低分为 1 分。第二天工作坊结束时，我会**再次请他们为自己的激励指数打分，**几乎所有学员的激励指数都有提升，如图 0.1 所示。在图 0.1 中，空心圆点为参加课程或工作坊前的评估，实心圆点为参加课程或工作坊后的评估。更重要的是每位学员都很兴奋，跃跃欲试，准备在工作中用非现金激励的思维和方法来激励团队成员，包括激励自己。

参加过“非现金激励”课程或工作坊的学员都有课后作业，他们要在未来的三周之内完成这个作业，即为自己部门里的 2～3 名优秀下属**做一份个性化的激励方案**，并开始实施。我对有些学员的课后作业进行跟踪和反馈，本书里的很多例子就来自这些学员的作业。需要说明的是，书中人名和企业名为化名，未涉及敏感内容。

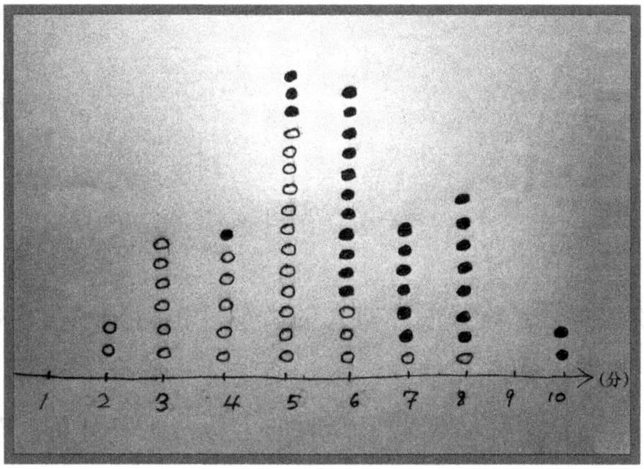

图 0.1 管理者为自己的激励指数所做的评估

非现金激励是一个非常值得长期研究和跟踪的课题，我深知我的管理经验和智慧是有限的，但我愿意不断深入研究，不断改进和丰富这个课题，也欢迎同行的朋友、各行各业的管理者、管理专家提供反馈和宝贵意见。

汪宁红

致　谢

这本书能够出版，依赖了很多前人的智慧，也得到了很多贵人的帮助，没有他们的指点、支持、激励和辅导，就没有这本书。

在此，我想特别感谢我在惠普工作时的上级经理和导师：李汉生（Ricky）、王耿毅（Peter）、符标榜（Piau Pang）、Lean see Ooi、Haakon Teien、孙逢举、陈汉钱（Chin）、张永利（Isaiah）和康莉萍，他们让我在惠普获得成就感、事业感和归属感，充分体验到了各种各样的激励，同时他们也为本书提供了大量的真实故事的素材。

同时，我还想感谢教我学习教练式辅导的老师们，尤其是埃里克森国际教练学院的 Marilyn Atkinson 老师、Rae Chois 老师和亚细亚高智公司的 Paul Jeong 老师，他们为我打开了一扇通向自我激励的大门，让我有更多的自信来写这本书。

感谢我的很多客户，特别是利乐包装的胡瑶（Carol）、夏雯君（Jane）、汤杨（Mia）、嵇苓（Terisa）和顾建军（Justin），惠普的门浩岚、王欣和黄敏、戴姆勒的李楠（Arno），中国金融在线的王晓维，Freewheel 的党政法，圣牧高科的赵国柱等，与他们和其他客户一起实施的工作坊、咨询和教练辅导的项目极大地丰富了我的职业生涯，而且与他们共同学习和成长的过程也让我受益匪浅。

感谢我的同事、朋友和学习伙伴，他们也对本书的创作产生了重要的影响：冯雷（Michael）、唐竹芸（Linda）、陈奕南（Jack），给我的课程提供了真诚的反馈和建议；郭广文和李东硕，为我的课程提供了非常关键的支持。

感谢为本书提供精美插图和封底视觉图画的韩美玲。

在此，我可能没法一一列举所有帮助过我的人，但我也由衷地感谢他们。

最后，我特别感谢我的每一位家人，他们是我的精神财富，也是每天为我提供反馈和激励的主要成员，他们的无私奉献和无条件的爱让我成长和成熟，同时也让我深知还有很多需要改进的地方。

目　录

Contents

第3章 先修己，再带人 / 21

第4章 非现金激励的取得成就的三招 / 50

花时间了解员工的优势，让他们做擅长的事，同时给他们更多空间和时间自我修正和改进，从而激发员工内心的愿望，让他们不断突破自己，提升能力，同时创造出优秀的业绩。

虽然尊重与信任不像金钱那样看得见、摸得着，但是可以被感受到，可以让人心动，就像空气一样环绕在人们周围，让人们感觉到安全、温暖和踏实，如同一双温暖的大手在背后支撑着人们。正像库泽斯所说的："信任如同社交黏合剂，把人们凝聚在一起，缺少了它，人们不能完成任何有意义的工作。"

为什么说反馈是份礼物呢？因为给予反馈不是每个管理者必须要做的事，管理者是否做、怎样做、频率如何，在多数情况下是没有定性或定量要求的，所以说员工没有期待管理者经常提供反馈。很少有人专门为某个人设计一次沟通机会，所以说有一天，你的经理给你提供了反馈，那是一份难得的礼物；如果你的经理经常给你反馈，那么你很幸运。经常收到礼物的人怎么能不幸运呢？难怪有人说反馈是冠军的“早餐”。

关爱家庭源于管理者内心的一份感激之情，感恩你们有缘在一起工作，无论时间长短；感恩别人的鼎力支持；感恩有每位成员背后若干家属的支持和无私奉献；感恩团队成员不计较得失。管理者没有想当然地认为别人就应该支持自己，因为他深知自己与员工及其家属实际上是在一个相互依赖的环境里。用老子的话说：“心善渊，与善仁。”

第6章 非现金激励的不断创新的两招 / 123

人们太习惯把工作与玩儿分开了，因此在工作时间玩儿有一种负罪感，怕浪费时间。工作似乎必须是艰苦卓绝、汗流满面的，相比之下玩儿就是玩物丧志、游手好闲的。如果工作就是玩儿，玩儿就是工作，将工作和玩儿合为一体，在工作中既享受玩儿的乐趣，又在玩儿的过程中带来了工作成果，那会是什么样子？那就是成人在办公室里一边玩乐高积木，一边讨论公司战略的状态。

你用什么方法提醒自己不断走出舒适区，有突破和创新？如果每年你都要与你的团队分享一个新的自我突破的经验，那么你会分享什么？从公司和部门未来战略角度思考和审视，你认为部门里有哪些流程可以更简单、更有效、更合理？今年你的“放下”清单会包括哪些内容？明年呢？

有前瞻性的领导是非常有魅力的。几乎所有的员工都希望在一个有光明发展前景的公司工作。如果管理者可以带领员工一起共创部门或公司的愿景，那么员工可以在这个共创的过程中深深感受到自己的贡献和价值。从本质上讲，员工与管理者一样都是公司的一员，因此愿景不仅可以指引未来，还可以凝聚人心和发挥每位成员的主人翁精神。

说到职业规划，很多管理者可能说："不就是给员工'画饼'吗？！"如果管理者给员工介绍他们的未来发展方向和路径，那就大错特错了。因为职业规划的前提条件是以员工自发为主的，职业规划的主人是员工自己。如果员工自己没有想清楚，或者已经想得很明白了，而经理给他"画"了另一张"饼"，

CHAPTER 1

第1章

为什么需要非现金激励

引　子

在“非现金激励”工作坊中，每次我都会在一开始邀请学员做一个俗称“地富贫”的小组活动，首先给学员一个共同的挑战：请用以下资源激励你的一名下属或你的上级。每组商量决定后选择以下四种资源的**一种**，先选先得，后选者，只能“捡”别的组选剩下的资源。

- 5 000 元
- 100 元
- 没钱激励下属
- 没钱激励上级

最后，我会请学员把小组讨论出来的激励方法写在白板上。

“地富贫”的活动我组织过上百次，多数情况下，我的介绍话音未落，就会有**不止一个学员在第一时间举手说**：“我们组选 5 000 元！”之后，立刻就会有第二个学员喊道：“我们组选 100 元！”第三个声音多数会弱弱地说：“我们组选‘没钱激励下属’。”最后一组几乎每次都是很无奈地说：“我们没得可选了……”偶尔会有学员争辩说：“老师，我们组刚才也说选 5 000 元，您没听到。”最后一组经常在不到五分钟之内会找我再多问一句：“老师，您指的激励上级是什么意思？”

管理者面临的挑战

每次做“地富贫”活动时开始“抢”资源的场景，都让人联想到管理工作中遇到的类似挑战。人们非常容易看到的资源是 5 000 元或 100 元，**一眼看到的是外在资源，而很容易忽视自身所拥有的内在资源。**在企业里，经常听到业务经理抱怨：留不住人才，竞争对手用几倍的工资把优秀员工挖走了；绩效目标太高了，员工没有经费请客户吃饭或消费，怎么能达成销售指标；员工希望有晋升机会，可是上级没有名额；去年年底奖金没发或发得太少了，年初员工人心浮动；90 后员工太懒散，可是人家太酷，不缺钱，真不知道怎样激励他们……

更有甚者，如 1997 年我在外企 AN 公司工作时，有一位资深高层管理者直接到人力资源部门“质问”：“你们的薪酬是怎么定的，为什么我的大客户经理能被两倍的高薪挖走？”

听上去上面所有抱怨和挑战似乎都与金钱有关，似乎没有了金钱，人们对员工的流失、业绩不达标、90 后没有干劲等，几乎束手无策。难道真的是这样吗?

其实像 AN 公司这样的外企遇到猎头公司挖人这样的挑战，在国企和民企等，也同样存在。然而，在不同的年代，人才的走向会有所不同。除了猎头把一些市场上比较抢手的人才从一家企业推荐到另一家企业，其实还有不少公司的员工和经理在**主动谋求更适合自己的公司外的机会**。中国的人才市场一直处于这种非常活跃的状态，一方面，高端人才一直是猎头公司“虎视眈眈”地注视着并随时准备推荐的人选；另一方面，有些企业在以高薪聘用有竞争力的优秀人才。这场没有硝烟的“人才之战”一直在中国不动声色地进行。

在我咨询过的企业里，也听说过有些企业，为了保留人才，给出更高的薪酬，或者给少数的优秀管理者提供特殊的“留才基金”。暂且不说为几个人发更多的钱给部门和公司其他人带来的“不适当的”误导和期盼，据调查，只有少数的被“高薪留才”的优秀经理继续长期服务于这些企业。这一点非常具有讽刺意义，值得管理者深刻反思：为什么钱花了，人还是没有留住? 更可怕的是，还有更多的人再等着管理者“撒银子”，否则就会抱怨管理不到位，对他们不公平。

公司无论大小，也无论国企、外企，还是民企，真正做 CEO 或总经理的只有一个，他们有权也有钱，可以决定是否给下属发奖金、发多少。除他们外，大多数中层管理者有多少权限可以随时、随意地给下属发奖金呢？其实，哪怕是 CEO 或总经理，如果是上市公司，他们发奖金、涨工资的决策也要按照事先约定的原则或规定，需要董事会讨论通过才能执行。因此，不得不承认，大多数中高层管理者能**够随时调动的金钱激励是非常有限的**。

在相对比较稳定的企业，无论是外企、国企，还是民企，我经常听到管理者的感叹：实在不知道**怎样激发资深员工的积极性**，虽然他们在行业和公司里积累了大量的经验，但是他们似乎对自己的工作已经倦怠了，似乎工作对他们没有什么新意，似乎……总之，感觉他们没有激情和干劲，没有任何主人翁精神，就是在公司拿着高薪"混日子"！有些管理者在没有真正了解情况的前提下，已经在思考怎样"换血"，即与这些资深员工解除劳动合同，同时用猎头公司来招聘公司外的人才。这难道不是舍近求远吗？殊不知这些资深员工正是公司的宝贵财富，怎样启动他们的智慧、调动他们的积极性正是每位管理者需要认真学习和掌握的重要技能，非现金激励可以恰到好处地解决这个难题。

"地富贫"活动揭示的表面现象是：只要一谈激励，管理者更多想到的是金钱激励，这确实折射出不少管理者对激励的片面理解；当留不住优秀人才时，不是从管理者**自身**找原因，而是把责任推卸给人力资源部门，推卸给员工，推卸给上级管理层或公司体制等；当发现有些 90 后不差钱时，金钱派不上用场了，他们也会同样陷入措手不及的局面。所有这些表象其实都是源于对激励割裂的、偏颇的理解，同时也导致管理者走进了死胡同。

管理者在激励方面的误区

大多数的管理者在做主管或经理之前没有受过正规的训练，而是看着他们的上级怎样做管理，他们就边看边学了，这是一种非常有效的学习方法，叫作"上行下效"。如果上级方法多样而且非常有效，那么他们也可以学习到很多方法。但是如果上级只用比较单一的方法，而他们自己又没有主动学习其他方法，更没有一定的反思能力，那么"上行下效"就会带来巨大的挑战。

我曾经有一个客户（晓亮）他是一名中层管理者，在他做员工时就跟着上级（胡总）做销售。胡总经常说的一句名言就是"财散人聚"，他非常慷慨大方，经常请下属吃饭、唱 KTV……年终部门发奖金，有多少发多少，自己一分不留。当时竞争没有那么激烈，业绩确实做得风生水起。晓亮与胡总有不少相似的个性，热情好客、慷慨大方，两人配合得非常好。

两年之后，晓亮也做了管理者。然而，行业的竞争越来越激烈，晓亮部门的业绩也越来越不好，但是，时常请下属吃饭、唱 KTV 的行为没有减少，为此晓亮有时也会自掏腰包，可是年终奖金与业绩挂钩，晓亮一筹莫展了。在他看来，没钱发给下属，他们就聚不起来了，真是这样吗?

就像管理者容易掉进管理的误区一样，下属有时也会被带进一些误区。现在的上级喜欢年底发钱，下属当然高兴，这个世界上很少有人与钱过不去。但是，时过境迁，如果上级不发钱了，或者发少了，而下属已经**习惯**了年底坐等收钱，结果没有了，那么他们有怨言是可想而知的。但是这个习惯的发起人和持续养成者不是员工，而是管理者!

八年前，我的培训课上有一位学员（陈总）河南汽车行业的一家私企老板，他课间找我解疑：

“为什么我手下的店长培养一个走一个？”

我好奇地问：“他们去哪里了？”

“就是马路对面那些店!”陈总答道。

“他们为什么去那些店呢？”

“就是为了钱，也就是多拿 200～300 元!”

“除了钱，还有什么原因呢？”

“没有了，就是钱!!!”至今我还记得陈总掷地有声的干脆回答。

“真的**只有钱**这一个原因导致了他们一个一个地离开吗?”我很坚持，但很温和地挑战他。这时上课时间到了，我只好说：“如果你不介意，今天晚上你再好想想。我们明天继续聊。”

第二天陈总一早到了教室就像竹筒倒豆子一样告诉我：“我昨晚认真想了想，有三个原因导致这些店长的离职。第一，管理不到位；第二，店里的小工素质太差；第三，我经常不在店里。”我听后非常兴奋，立刻追问：“陈总，谢谢你昨晚的认真思考和发现，那么这三个原因跟你个人有什么关系呢？”陈总回答：“原因都在我！我知道我要做什么了。”其实，如果有机会静下心来反思，很多管理者也会像陈总一样发现一些误区。

陈总之所以能成为陈总，一定因他成功的过去，但是，如果他停留在过去成功的光环里，失去了自我觉察和反思的能力，他就会不断遇到挑战。难怪有 29 年经验，专门为全球 500 强公司的 CEO 做一对一教练辅导的马歇尔 •戈德史密斯在他的名著《从优秀到卓越的领导力提升法则：魔鬼管理学》（以下简称《魔鬼管理学》）中说：“在跟众多成功人士打交道的过程中，我所遇到的最大挑战之一就是帮助领导们看清那些‘会导致良好结果的行为’和‘并不会导致良好结果的行为’之间的区别，并帮助他们避免陷入‘迷信成功的陷阱’。”

AN 公司有一个令我印象深刻的、失败的激励故事。Helen 是 1996 年从大学直接招进来的硕士研究生，公司看到她沟通能力强，有冲劲，非常敬业，而且形象好，就让她做销售工作，并给她配备一名导师专门提供日常的辅导和反馈。Helen 不负众望，第一年就以 104%的成绩完成销售指标。她的经理大张非常高兴，第二年给她的指标增加了 20%。Helen 一如既往地努力，结果第二年她以 116%的成绩超额完成了销售指标。第三年，Helen 又以 120%的成绩再次刷新了自己的指标，并且荣获 AN “全球最佳销售奖”。

然而，正当 Helen 的经理大张“磨刀霍霍”，准备给 Helen 更高的指标，期待她再创辉煌的时候，Helen 郑重提出请假半年，希望停薪留职。看到大张惊讶的样子，Helen 明白她必须给上级一个清楚的解释：“我加入 AN 公司时 25 岁，今年 28 岁，我想要孩子了！”

假如三年前最能激励 Helen 的方法是不断提升指标（挑战）和提供伴随而来的翻番的销售佣金（金钱），那么三年后最能激励她的方法已经不再是挑战和金钱，而是宽裕的时间和较小压力的工作，让她有机会怀孕生子，扮演母亲的角色。对同一个人，在不同时期需要用不同的方式来激励他，就更不用说针对不同的人、不同的个性风格，激励的方式也需要有所不同了。

一个家庭比较富裕的 90 后加入公司最渴望的是归属感和团队合作，但是被派到边远的四线城市，单枪匹马地开拓当地市场。哪怕给他双倍工资，对他可能都不是激励，而且很有可能是打击。

相比之下，一个从小在农村长大，后来到省城大学读书，加入公司后最渴望在最短的时间里快速成长，证明自己能力的人，如果被派到边远的四线城市，单枪匹马地开拓当地市场，不用给他双倍工资，对他可能都是有效的激励。管理者花多少时间去了解自己下属的真实想法和渴望？如果管理者不知道他们最喜欢什么、最担心什么、用什么方式激励他们最有效、什么是最容易打击他们的，那么在激励方面很有可能达不到预期的效果。

在“非现金激励”工作坊上，我每次都会问学员什么是激励、激励包括哪些方面，**自我激励很少被提及**，这似乎已成为被遗忘的“角落”。我经常邀请学员讨论一个话题：什么能够激励你？我发现 90%以上的答案都是被动语态：被认可、被尊重、被信任、被授权……好像激励更多来自外在，由内而外的自我激励并不是多数管理者的常用语言。试想管理者不能有意识地自我激励，同时不知道辅导下属的自我激励可以让工作事半功倍、效率成倍增长，那么管理工作会有多么大的缺失。

我也问过很多学员：“作为一名管理者，在过去的一年里认真地思考并实施过**激励自己上级的**，请举手。”在 30 人左右的课堂上，我能看到 1～2 名举手的学员，但在更多的情况下，没有人举手。我会好奇地问他们，为什么没有呢？他们的回答也非常有说明性：“我认为应该是我们的上级激励我们下属……”原来激励的实践有明显的方向性：只能上对下，不能下对上。这个激励的误区在一定程度上与管理上的误区不谋而合，即指令是自上而下的，因此大家都对上级的指示奉若神明。

引子故事的后半段

在引子中的“地富贫”小组活动中，经过 7～8 分钟的讨论后，我会邀请每

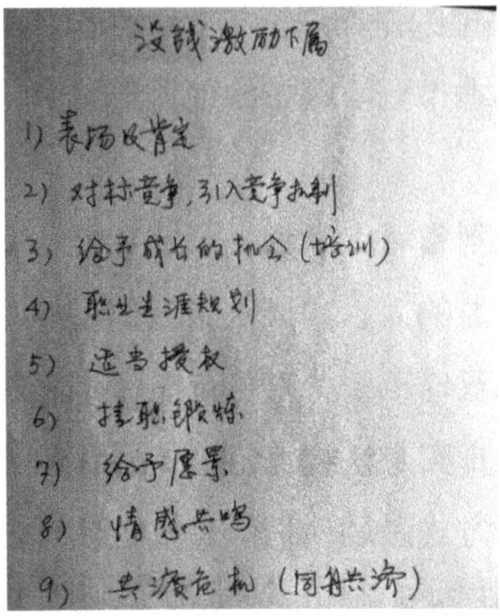

图 1.1 “没钱激励下属”小组提供的方法

组的代表分别介绍他们讨论的结果。第一个发言的学员 90%都是从“没钱激励下属”小组来的，他们非常兴奋，而且很自豪地介绍他们的方法，如图 1.1 所示。一般来说，他们至少有五个，最多有十个不同的方法，而且是多种多样的。第二个发言的学员可能是“没钱激励上级”小组的，也可能是“100 元”小组的。无论是激励上级，还是 100 元激励下属，他们也带着几分兴奋，因为，以前真没想过激励上级，现在小组“脑力激荡”后还真想出了好几个办法，尽管不是那么理想。

“没钱激励上级”小组提供的方法如图 1.2 所示。

“100 元”小组的学员虽然只有 100 元，但东拼西凑，也想出了七个方法激励下属，如图 1.3 所示。此外，也有抱怨 100 元太少了的小组，他们甚至私下里问我是否可以提高到 500 元。被我拒绝后，他们小组决定把 100 元都换成 1 角或 5 角的硬币，然后放在一个小布包里，希望送给下属时，至少让他感受到硬币沉甸甸的感觉。

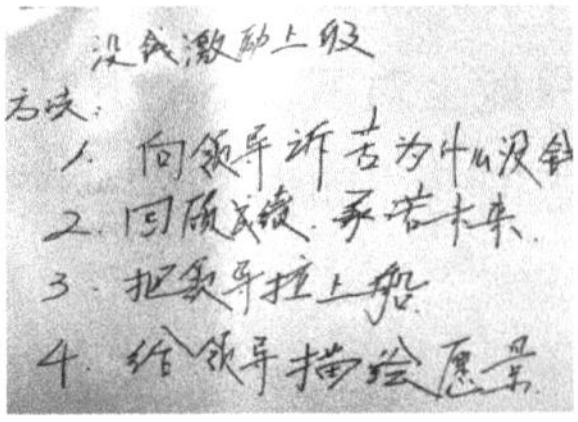

图 1.2 “没钱激励上级”小组提供的方法

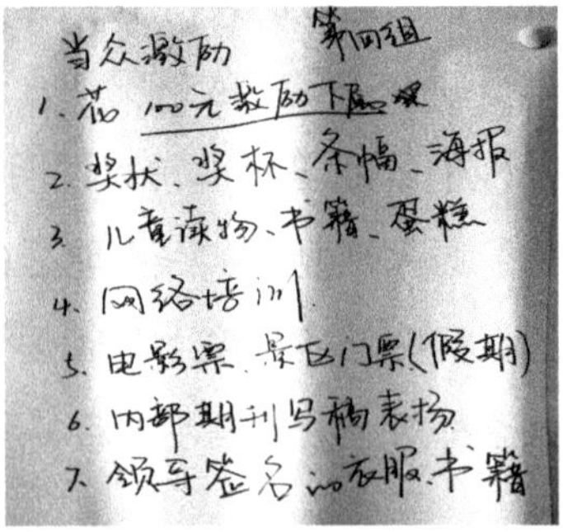

图 1.3 “100 元”小组提供的方法

最后发言的大多是**钱最多**的一组，而且常常带着几分纠结和不自信，因为他们还没有最后决定怎样**分配**这 5 000 元。这一组只有一个挑战，那就是**怎**

样分钱。“5 000 元”小组提供的方法如图 1.4 所示。

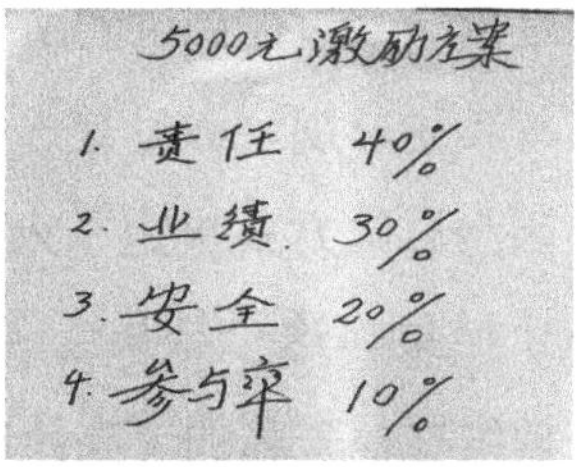

图 1.4　“5 000 元”小组提供的方法

一位学员在 2008 年做完这个活动之后的总结发言非常精辟：“当我们有钱时，我们太容易掉进钱眼儿里；但当我们身无分文时，我们就会发现其实我们拥有很多资源，是金钱束缚了我们的思想！”激励大师艾德里安·高斯蒂克在他的《一天一根胡萝卜：365 天的员工激励方案》(以下简称《一天一根胡萝卜》)一书中总结得好：“金钱是一种很好的激励手段，但它不会让人满足。”

非现金激励的定义

先来看看激励的定义。激励是一种**内在或外在的因素**，可以激发一个人的欲望和能量，并为达成最终目标而不懈努力。激励是由**意识和潜意识两种因素相互作用而形成的**，这些因素包括强烈的欲望和需求、达成目标后的刺激和回报、个人或对个人极其重要的关系人的期望等。从这个定义就可以看出，激励至少有内在和外在的两方面因素，但在目前商业环境里，过度强调外在激励，而且在外在激励里又过度强调和使用现金激励，这种状况与中国经济的发展过程有很大的关系。

另外，激励是由意识和潜意识两种意识相互作用而带来的行动。一般来说，意识的作用是比较容易被关注的，而潜意识的作用经常被忽略。然而，在人们的日常工作中，意识的作用相对潜意识的作用只是冰山的一角，尤其当人们进入熟练工作阶段时，潜意识掌控着人们的大部分工作，只是自己没有觉察而已。潜意识在潜移默化地影响着人们工作的每时每刻。

什么是非现金激励呢？只要与现金相关或可以变现的所有激励方式，如工资、奖金、用车补贴、餐费补贴、服装费、取暖费、销售佣金与提成、股票和期权等，我都把它们归到现金激励的大类别里，而本书所涉及的非现金激励是指除上边提到过的所有项目以外的激励方式。

与其说非现金激励是一种方法，**我更希望把它定义为一种思维方式或信念**，因为思维方式决定了人们的行动方向和侧重点，而人们的行动自然会带来一个结果，这个结果会强化或改变人们最初的思维。这个循环就是史蒂芬·柯维在他著名的《高效能人士的七个习惯》里阐述的“观-为-得模型”。

举个例子，如果管理者张阳相信金钱可招来优秀员工，并且想方设法地提高工资，结果真的招来了，那么张阳最初的思维或信念（金钱可以招来优秀员工）就得到了强化。然而时过境迁，猎头给这位优秀员工推荐了更高工资的职位，优秀员工经过对比，决定跳槽。这时张阳找人力资源部门沟通希望提高工资以保留这位想跳槽的优秀员工，可惜没有得到批准，这位优秀员工还是走了。此时，张阳一定会非常沮丧。

然而，还有另一种可能性，管理者徐颐相信除金钱外还有很多其他方法可以招来优秀员工，如清晰的目标与职责、勇于授权、充分尊重与信任、及时反馈与认可、创造环境让他们快乐工作、与他们一起讨论未来的职业规划等，而且徐颐真的花时间做到了，那么结果呢？结果可想而知，员工受到了非常大的激励，业绩突出，而且还有很高的忠诚度。那么徐颐的最初信念（除金钱外还有很多其他方法可以招来优秀员工）也会得到强化。因此，我在此书中把非现金激励视作一种非常重要的**思维方式或信念**，它也是激励的有效方法。

非现金激励给管理者带来的福音

现金激励一直都是比较流行的激励方法，在未来也会继续是一种有效的激励方式，但它**不是唯一的激励方法**，有时甚至不如其他激励方法更有效。非现金激励为管理者打开了一扇多样化、个性化的激励大门：①它把管理者的注意力从外求资源和物质激励，转移到内求资源和精神激励，调动和整合内外资源；②它帮助管理者自己和下属更好地觉察和洞察自己，从而产生更多的自我激励；③它更关注人性的全面发展，进而让每位管理者及下属更全面和更平衡地发展自己，同时促进人与人的互动和深度连接；④它帮助企业和个人实现持续的、长足的进步和发展，同时平衡长期、中期和短期的目标。所以说，非现金激励是管理者的福音，以下会就以上四点进行详细的阐述。

如果一开始就看到了 5 000 元，如果一谈到激励就想到金钱，如果上级一直在用金钱激励你，如果公司每年都在年底发奖金……你就会很习惯地、想当然地认为激励就是指金钱或奖金激励。一旦没有钱，你就不得不开始想别的方法，不想则已，一想就能想出很多。每个人都有巨大的潜力，它们埋在每个人的内心深处，沉睡在大脑里，取之不尽、用之不竭。碰到机会、遇到刺激，这些巨大的潜力就会“站出来”展示其智慧，而你会为自己能有这么多好的想法而感到自豪和兴奋。

道家老子早在他的《道德经》里告诉人们“有之以为利，无之以为用”的道理。你确实值得自豪和兴奋，因为你从**外求转向了内求**，从关注看得见的物质转向关注看不见的精神，这是巨大的思维转换。你开始从找上级或人力资源部门要资源，到反思自己：“我自己能够创造或调动什么资源。”你开始从抱怨外界的激烈竞争、猎头挖走自己的优秀人才，到审视自己的管理实践：“有哪些地方我自己可以改进，从而让下属愿意同舟与共。”当管理者开始有意识地内求时，他们就会发现自己拥有非常丰富的资源。

非现金激励除了让管理者有更多的内求，同时还帮助他们更好地了解自己、觉察自己，尤其是洞察自己冰山下的驱动力，如最看重的价值观、根深蒂固的信念、满足的及没有被满足的需求时。当管理者有机会让平时看不见的，但又非常关键的因素浮出水面，逐渐变得清晰时，工作的动力、生命的意义等就会自然而然地呈现出来，这是自我激励的源泉。你会为找到了自己内在的声音和生命的意义而欢呼雀跃，你会变得更加自立，因为你知道怎样激励自己，进而变得更加自信。

当管理者收获了丰硕的成果，并将此分享给自己的团队成员时，团队就会变得更自立和自信，因为他们会发现他们的命运真的掌握在自己的手里。

用詹姆斯·库泽斯的话说："内在的动力才能成就超常的结果，给人带来额外的收获，即使没有奖金，有动力的人会坚持工作到最后。"

当管理者更多地了解了丰富多彩的自己，发现自己蕴藏着巨大的潜力时，他们会以同样欣慰和欣喜的眼光来看待自己的每位团队成员和他们所蕴藏的无限能量。随着对自己越来越多的了解，你一定会发现自己的特长和需要拓展的地方，还会发现一些自己看不到的盲点。管理大师彼得·德鲁克说过，管理者**首先要对自己有深刻的认识**，清楚自己的优点和缺点，知道自己是如何学习新知识和与他人共事的，并且明白自己的价值观是什么，自己能在哪些方面做出最大贡献。

管理者的第一门功课就是了解自己，接受自己，管理自己。当管理者开始接受目前还不那么完美的自己时，他们也更容易理解员工的不完美。当管理者和员工都对自己和人性有了更全面和更充分的洞察时，他们才会对自己和他人更开放和包容。管理者和员工的沟通和互动不会只停留在完成一个又一个工作任务上，也不再是"你给我交活儿，我给你钱"的时代。

管理者和员工会渴望有更多工作之外的交流与分享，他们会发现他们之间的关系在悄然发生着变化，他们的心彼此靠近了许多。引用被非现金激励方法激励的员工的话："经理的关心比给我双份奖金都值！"管理者会发现他的每位员工都不一样，都是那么有才华、那么真诚、那么敬业；同样，下属会发现他们的上级理解他们、尊重他们、关爱他们、在用情商领导着他们，在上级的领导下，他们有成长、有突破、有成就感，在不断地学习和完善自己。

非现金激励还帮助管理者很好地平衡企业长远的目标或愿景与当年的指标，同时整合了企业目标与个人目标。**现金**激励可以带来立竿见影的结果，然而，任何一家企业不可能只是靠眼前的结果而基业长青的；任何一个管理者也不可能靠持续发钱来达成团队的绩效目标，也只有少数员工是今朝有酒今朝醉的。而**非现金**激励的思维是把企业的愿景与员工的职业规划连接在一起，把部门的愿景与团队成员联系在一起的，通过共创愿景来共享未来的发展目标。

管理者通过管理好自己的职业生涯规划，来更好地支持和协助员工的职业发展。员工在企业里不只是单纯地完成公司的绩效目标，更重要的是在完成目标的同时提升自己的技能，增长才干，为自己的下一个职位目标做准备。当管理者用这样的方式体现对员工的关心、鼓励和培养时，员工可以感同身受。此时，也许不需要什么特殊的保留优秀员工的专门措施，员工就会自发自愿地敬业，同时愿意长期与企业共同发展和成长。

CHAPTER 2

第 2 章

成功幸福模型下的
非现金激励十招

2011 年，教练大师玛丽莲·阿特金森在“教练的艺术与科学”课程里介绍了她根据多年给全球各行各业的管理精英做教练式辅导的经验，结合格兰特关于幸福的研究所得出的发现：优秀的职业经理人都有两个好习惯。第一，他们在成就、关系、创新和未来方面都有付出，而且卓有成效；第二，他们在日常管理工作中的**每一天都在这四方面有付出和收获**。玛丽莲老师把这四方面提炼出来，我在此基础上做了简单加工，并在每个方面前都增加了一个关键的动词或副词，加工后形成成功幸福模型，如图 2.1 所示。

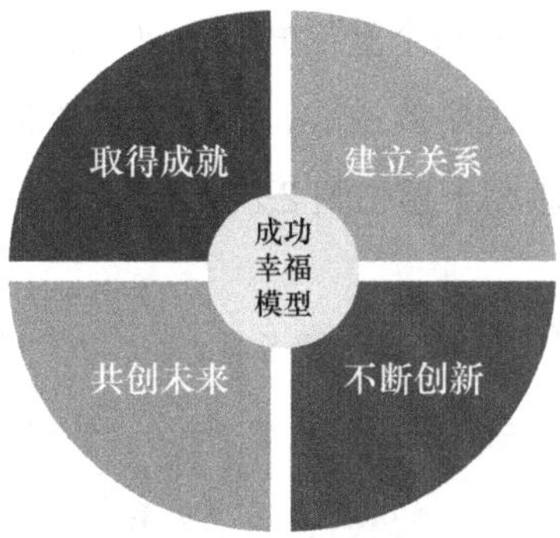

图 2.1　成功幸福模型

成功幸福模型中取得的成就，包括整个团队取得的卓越业绩和作为管理者取得的管理成就。没有带来成果的管理者，不可能被称作优秀的领导者。

成功幸福模型中建立的关系，包括管理者与上级、平级同事、跨部门的同事、下属团队成员的关系。因每位管理者的工作性质不同，有时还包括与客户、上下游供应商等的关系。

对于取得成就和建立关系，管理者是比较容易理解的，也是大多数管理者会倾注时间和精力的层面。

成功幸福模型中的**不断创新和共创未来层面则容易被忽视**。不断创新是指在工作中有很强的创新意识，并且把创新落实在自己的管理工作中。所谓创新，既包括专利意义上非常独特的创新，也包括在日常工作中敢于尝试没有用过的方法、学习新的技能和工具、探索从来没有尝试的领域。总之，让自己和团队成员经常走出自己的舒适区，在学习区获得成长。

共创**未来**是指在脚踏实地做好工作的同时能够放眼未来，找到现实工作与未来长期和中期目标的联系，可以是自己目前工作与公司的愿景和战略之间的联系，也可以是与自己长远职业规划的联系。未来是工作的方向和动力，也是帮助矫正现实工作的源泉。当管理者把四个层面都平衡地管理好时，他才可能成为成功的、优秀的领导者。

在设计“非现金激励”工作坊时，我发现非现金激励十招刚好可以完美地放进这四个层面，这样可以帮助管理者在学习非现金激励的同时，提醒自己成为优秀领导者一定要关注的四个重要方面。以下简单介绍一下非现金激励十招如何帮助管理者应对管理中的挑战，并提供避免激励误区的解决方案。成功幸福模型下的非现金激励十招如图 2.2 所示。

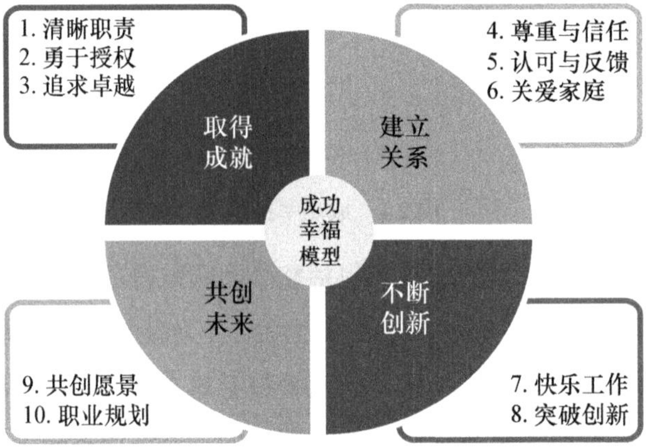

图 2.2　成功幸福模型下的非现金激励十招

需要做一个重要的补充说明，我对玛丽莲老师的成功模型做了一点调整，增加了“幸福”两字。虽然在工作场合讨论成功是非常重要的，人人都希望成功，希望自己的团队成功，希望自己所在的公司成功，而且希望能持续地成功，成功似乎成了所有人的目标，但是成功到底意味着什么？成功都包含什么？有些人认为成功就是有很多钱，成功的定义被赋予了更多的物质内涵。的确，每个人对金钱的看法是不同的，在人生的不同阶段对金钱的重视程度也不同。有些人虽然有钱了，但并不幸福。人们除了有金钱等物质需求，还需要有精神层面的追求，追求幸福其实也是每个人强烈的愿望。

在企业里，管理者比较关注对成功的追求，但也**关注营造幸福感**的企业文化。作为管理者，必须关注结果、关注企业目标的达成，但也需要关注完成公司目标背后的人，包括管理者自己，因为是**人创造了所有的业绩**。从人的层面来讲，幸福感似乎更重要，包括更多精神层面的内涵，尤其是非现金激励所侧重的给人带来的心理感受。因此，我将成功模型改为成功幸福模型，以使企业和管理有相对比较平衡的目标，也使这个模型有更广义的涵盖性。

取得成就、建立关系、不断创新和共创未来这四个层面在我看来就是一幅动态的画面，如图 2.3 所示。“取得成就”似乎是人的一条腿，取得的成就越多，这条腿就越有力量和健美；“建立关系”就像人的另一条腿，与周围的同事和伙伴建立的关系越牢固，这条腿就越强壮和灵活；“不断创新”如同迈出的步伐，使你不断走出舒适区，突破自己；“共创未来”就是沿着公司愿景的方向前行，这个方向包括员工的职业发展目标。

图 2.3　取得成就、建立关系、不断创新和共创未来四个层面组成的**动态**画面

非现金激励不是靠介绍几个概念就可以达到效果的，需要在管理工作中**一步步走出来**，而且是每位管理者都可以做的。他不需要等待公司建立完善的激励制度，也不用抱怨自己没有激励的资源和方法，因为非现金激励本身

就可以帮助管理者自己和团队赋能。

以下从“**取得成就**”开始介绍非现金激励十招，这并不意味着它是最重要的，这四个层面同等重要。但是，必须面对一个现实：大多数公司或组织都是因为有一个任务或目标，才开始组织人力去完成这个任务或目标的，因此从“取得成就”开始，是有道理的。

我把非现金激励的三招——清晰职责、勇于授权和追求卓越归纳在“**取得成就**”层面里，因为它们都是管理者帮助下属取得优秀业绩的有效激励方法。**第一招是清晰职责**。无论是对新员工还是刚换岗的老员工，如果能够清楚地描述未来的工作范围、工作目标、衡量方式、主要合作部门与同事、工作流程、工作纪律与规范等，就可以帮助下属尽快进入工作状态。当下属清楚了自己的职责时，他们会更高效地工作，也会更容易取得成就。

第二招是勇于授权。当下属有能力又有意愿时，管理者可以给下属更多挑战性的工作，让他们有机会“挑大梁”。在授权的过程中既挖掘下属的潜力，又让他们有成就感，同时管理者自己通过授权有效地培养了下属的能力，解放了自己，才能有时间思考更宏观的议题，得到一箭双雕的效果。

第三招是追求卓越。追求卓越是管理者的一个信念，即相信每个人都希望把事情做好，不满足现在的成绩。因为有了这个信念，管理者对下属会有更多的信任，适当放权，给予下属更多正面的期待和鼓励，这样他们就会主动改进工作流程和方法，带来更高的效率和更多的成果。

“**建立关系**”层面有非现金激励的三招：尊重与信任、认可与反馈和关爱家庭。它们都可以帮助管理者与下属建立互信和谐的人际关系，并给予下属个性化的鼓励。尼克·考利在他的《五个对话》（*5 Conversations*）中说得好：“我们与他人的关系的质量不仅可以帮助我们达成目标，还决定了我们的成就感和从工作中感受的快乐。”格兰特的研究成果也证实了这一点，人的幸福感主要来自人与人之间有温度的关系。

第四招是尊重与信任。管理者通过认真倾听下属的想法、开放心态、接纳不同意见、花时间了解下属的喜好、发挥下属的优势，让下属感觉自己被重视、有价值，下属会更愿意尝试和突破。尊重与信任还有凝聚团队、调动下属积极性、营造团队成员互相帮助的和谐气氛的作用。

第五招是认可与反馈。真诚地赞美下属取得的成就、给予及时的反馈，使他们看到全方位的自己，进而更清楚地了解自己的优势和需要改进的地方。管理者更好地激发下属的积极性，鼓励他们有更多自发自愿的行为，帮助他们提升或重建自信，可以使团队目标更容易达成。

第六招是关爱家庭。所有的人都不是一个人在工作，他们背后都有重要的“幕后英雄”在默默地支持着他们。充分意识到这一点，可以让员工感觉到温暖、工作更有动力、在困难时不会轻易放弃。管理者与下属建立良好的人际关系，可以让下属更安心地、全力以赴地工作。

“快乐工作”和“突破创新”是“**不断创新**”层面的内容，它们可以帮助管理者在提醒自己的同时启发下属，以快乐工作和自我突破作为重要的激励思维和方法。

第七招是快乐工作。当人们心情愉快的时候，效率是最高的，也会有很多创新的点子；当人们喜欢自己的工作时，人们是快乐的，因此管理者可以通过营造令人快乐的工作环境，让员工享受工作带给他们的快乐和成长。

第八招是突破创新。管理者在看到员工遇到困难时让他们自己解决，给他们分配具有挑战性的工作任务，或者创造宽松的工作氛围，允许他们试错，让他们不断改进自己的工作流程，既能提高效率，又能给他们带来创新方面的成就感。当创新变成每个人的常规意识时，不断刷新自己的成绩就是水到渠成的结果。

最后一个层面是**共创未来**。“共创愿景”和“职业规划”属于这个层面。

第九招是共创愿景。共创愿景的激励作用就是带来归属感和连接感，这是人类的社会属性所带来的最基本的心理和情感需求。哪怕是再喜欢独处的人，也希望自己属于一个家庭或组织，也想要一种归属感。

公司的愿景提供了公司的发展方向，有重要的指引作用，让公司的每位成员感觉自己是这个伟大愿景的一个组成部分，可以有效提升他们的自豪感。

如果有机会直接参与公司愿景的讨论，一起创建共同的奋斗目标，则可以让公司的成员有参与感和成就感。公司的愿景会成为连接部门每个员工的纽带，增强公司凝聚力。

第十招是职业规划。大多数员工不仅希望自己有能力完成目前的工作、挣钱养家糊口，还希望自己在市场上具有较强的竞争力。职业规划就是一个让员工清楚地知道自己未来发展方向、有目标感的有效方法，能更好地帮助员工实现自己的职业梦想。职业规划还关系到员工的潜力挖掘，促使员工自发改进、主动提升。

第九招共创愿景和第十招职业规划，是第一招清晰职责的重要背景和来源。第一招到第十招形成了一个完整的闭环，它们之间互相依赖、互相影响。虽然从第一招开始介绍，但是激励的招数不分前后，可以以任何一招开始。

在本书的每一招里都详细介绍了如下内容：

- 每一招的定义
- 真实故事
- 每一招的激励作用
- 前车之鉴
- 适用群体
- 如何使用
- 检查清单

你可以根据自己的需要，翻开感兴趣的章节，就像翻开一本工具书一样。实用是关键。

我将用乐高积木搭出的模型来帮助展示非现金激励十招，因为一张3D图像胜过几十，甚至几百个文字，而且栩栩如生。通过不同的乐高模型来对比非现金激励十招效果，可以帮助大家更容易地理解非现金激励的思维和方法，希望带来更多的启发和收获。

CHAPTER 3

第 3 章

先修己，再带人

非现金激励——如何更好激励你的下属

对任何级别的管理者（从总经理、CEO 到初级主管）来说，非现金激励都非常重要，因为他们要带领一个团队去完成部门、公司或集团的目标。怎样带领这些或小，或中，或大的团队？这些团队的成员为什么要听从你的管理和领导？假如他们有选择的自由，即由下属来选择自己的上级，你的下属会毫不犹豫地选择跟随你吗？他们为什么选择向你汇报或不汇报？

《基业长青》和《从优秀到卓越》的作者吉姆·柯林斯说得好："只有在人们有选择不追随你的自由，但他们仍然选择以你为他们的领导者的时候，你才是**真正意义上的领导者。**"我深知这句话在中国的国情下，尤其在国企、央企、私企的环境下是非常理想化的，因为在中国基本上是**上级来挑选自己的下级**。其实即使在外企，通常也是上级选择下级。但是无论在国企还是外企，都有员工或经理辞职的情况，他们当中有多少人**以辞职的方式来主动选择不汇报，或者不追随自己的上级**？

在管理界有一句众所周知的话："员工加入的是公司，离开的是直接汇报的管理者！"这句话在我 20 多年的管理实践中得到了证实。每当我做辞职访谈时，我都可以听到比较真实的反馈："我很喜欢我所在的公司，这是一家非常好的公司，但是我还是选择离开，因为我的经理……"同时我也在中国人才市场上目睹了员工追随优秀管理者的情况，当一位优秀管理者辞职时，他团队里的下属主动辞职，为了跟随他们以前的管理者；当这位优秀管理者再次跳槽时，这些下属还是一如既往地选择跟随他。管理者怎样做才能让自己的团队成员心甘情愿地向自己汇报？我的建议就是：**先修己，再带人。**先清楚自己的定位，做好自己的功课，提升自我管理和自我领导能力，之后才有可能带出优秀的团队，这就是"内圣外王"的道理。

先修己有三部分：第一，管理者的自我定位；第二，知己知彼；第三，自我突破。也就是说，非现金激励的思维建立在管理者清楚地知道自己的定位，自己与他人的关系，了解自己，也了解他人的基础上，这是个性化激励的前提条件。有了这个基础，管理者才能有效地管理好自己，管理自己在职场上的不同角色之间的转换，使自己在不同阶段的不同职位中进行调整，让自己不断学习、精进和自我突破，同时也了解和接受下属在不同阶段的变化与成长，从而采用最合适的激励方式支持他们完成业绩目标。无论是了解自己和他人，还是变革管理与自我突破，最终目的都是更好地激励他人和自己，提升能力带领团队完成目标。

以下从三个方面来详细介绍管理者如何定位自己、如何做到知己知彼和自我突破，有哪些最常用的理念、原则、工具和模型，帮助自己在未来的管理工作中逐步成长为优秀的管理者。

特别说明一下，本书没有特意区分管理者、经理人，或者领导者的不同，也没有特意区分是事业单位的科长、处长、局长，还是外企或民企的一线主管、部长、总监、副总裁，我都统称为管理者，即带领团队的初级、中级或高级管理者。

管理者的自我定位

作为一个管理者，首先需要清晰了解自己的定位，这个定位主要取决于三个方面的因素：外部环境，包括社会和经济环境、具体国家的人文和历史背景；所管理对象的状况，包括他们的知识背景、年龄特征、成熟度等；管理者自身的修养，包括认知思考能力和道德水准等。

首先，管理者的定位离不开所处的社会、经济环境和国家的人文背景。从工业时代的高度集权的独裁专制型的管理风格，到 21 世纪初，管理风格经历了民主/参与型、魅力型、放权/授权型、公仆型管理，它们有互相替代的关系，但更多的是互相补充地并存。随着工业时代的发展、大型生产线的出现，独裁专制型的管理风格可以高度满足生产力的要求。然而随着社会的不断进化，有更多的知识工作者涌入劳动市场，民主/参与型、放权/授权型管理风格似乎更可以满足提升员工积极性的要求，同时，魅力型的领导者在政府、企业和各种组织中展露风采。

1977 年，罗伯特·格林里夫出版了《仆人式领导》(*The Servant-Leader Within: A Transformative Path*)，这种类型的领导者以身作则，乐意成为公仆，以提供服务来实现对团队的领导，它开创了与之前的管理风格完全不同的先河："它强调更多地为他人服务，用全面的视角看待工作，实现共同决策。"仆人式领导者不在乎自己是否有正式的领导职位，他怀着**服务为先**的情操，用鼓励合作、信任、聆听等方式表达自己的期望，同时鼓舞他人。

在中国的人文环境里，有专制、民主、放权和仆人式领导的元素，老子在他的《道德经》里就阐述了四种不同的君主："太上，不知有之；其次，亲而誉之；其次，畏之；其次，辱之。信不足焉，有不信焉。悠兮，其贵言。功成事遂，百姓皆谓'我自然'。"

其次，管理者所带领的团队成员的知识背景、年龄特征和成熟度等也对管理者的定位有着深刻影响。除知识工作者进入劳动市场给管理风格带来了严峻的挑战外，管理对象的年龄特征问题更是让管理者非常头疼又不得不调整的现实。在西方有第二次世界大战后出生的最叛逆的婴儿潮，在中国有典型特征的独生子女 80 后、90 后和 00 后。时代给每个人都留下历史的烙印。

同时每位下属的成熟度，即他们的能力和意愿让本来就比较复杂的被领导团队变得更加多姿多彩，其实也给管理者提出了更高要求。保罗·赫塞的《情境领导者》被誉为 21 世纪重大领导理论作品之一，他们认为没有最好的领导形态，只有最适当的领导方式。情境领导特别强调领导者与被领导者的交互作用。管理者需要因人而异、因"才"施"管"，而不是按照自己喜欢或偏好的方式去管理，如对没有能力、意愿度很高的员工，最合适的管理方式是告知；同样，对有能力，又有意愿的员工，授权是最合适的管理方式，因此管理者对自己的定位要有更多的灵活性和多样性。

最后，管理者自身的修养，包括认知思考能力和道德水准等直接影响了管理者对自己的定位。管理者怎样看待自己与下属的关系？在独裁专制型的管理风格下，下属如同生产线上的一个棋子，管理者与下属的关系是不平等的；在民主型和授权型的管理风格下，管理者与下属的关系似乎平等了一些。实际上管理者与下属一直都处于**互相依赖**又相对独立的关系之中，没有下属的努力，团队的目标难以完成。从某种程度上讲，管理者依赖下属的程度甚至高于下属依赖管理者。然而有多少管理者清楚地意识到这一点？

管理者和下属相互依赖的关系一直都是相对的和动态的，因为组织结构的改变、公司战略的调整、员工的流动，都会给他们之间的关系带来难以预料的改变。例如，上下级的关系可能在一天之间颠倒过来。管理者需要通过洞察环境的变化、下属的状况和工作任务的复杂程度，来选择自己的管理方式、调整自己的领导方法，这是每一位管理者应该有的认知思考和管理能力。情商大师丹尼尔·戈尔曼非常强调管理者自我修养的重要性，因为高智商可以让你的学业成绩名列前茅，但是随着职业的发展，当你拥有越来越高的管理职位时，**更多是靠你的情商**，即包括较强的自我认知和对他人的敏感度、有效的自我管理、根据所处的关系随时调整自己与他人的互动方式、与他人共赢。

管理者自己的道德修养是进行自身定位的关键因素。我认为老子《道德经》中对水的状态的描述，堪称领导者的最高境界："居善地，心善渊，与善仁，言善信，正善治，事善能，动善时。夫唯不争，故无尤。"苏澈的《老子解》有非常精辟的说明，水"避高趋下，未尝有所逆，善地也。空虚静默，深不可测，善渊也。利泽万物，施而不求报，善仁也。圆必旋，方必折，塞必止，决必流，善信也。洗涤群秽，平准高下，善治也。遇物赋形，而不留于一，善能也。冬凝春水，涸溢不失节，善时也。有善而不免于人非者，以其争也。水唯不争，故兼七善而无尤"。

吉姆·柯林斯在他的《从优秀到卓越》中总结了第五级管理者的三个显著特征：拥有极其谦虚的个性、职业化的坚定意志、持久的卓越业绩。非常有趣的是柯林斯所描绘的特征、老子表达的水"居善地"的特征和格林里夫推荐的公仆式领导风格有很多地方不谋而合。这种卑微的定位与管理者如何看待权力和职位有着直接的关系。不争、不抢，更不会依靠权力占为己用，因为权力是跟随者赋予的。管理者自身的状态（Being）比他们的职位和权力更有影响力。

2016 年，我的一位私企客户 Joan 打电话给我，她遇到了一个挑战，作为公司的总经理，Joan 手下有一位新提拔起来的总监 Michael 提出辞职，原因是

Michael 的下属在会议上与他有不同意见，两人争执起来，言辞越来越激烈，最后两人互骂，Michael 认为下属挑战了他的权威，威胁 Joan 不解聘下属，自己就辞职。Joan 既不想解聘 Michael 的下属，也不希望 Michael 辞职，因为他们都是公司的优秀人才，虽然他们有时不能很好地管理自己的情绪。这里暂且不谈是谁的错，先看 Micheal 如何看待自己的定位，当自己也参与了互骂的争执时，不是检查自己，而是威胁上级必须“铲除异己”。这与老子描述的“水善利万物而不争，处众人之所恶”恰好形成强烈对比。如果是公仆型的领导者，他会这样做吗？独裁专制型领导者、民主型领导者、放权型领导者，他们又会怎样做？

知己知彼：自我认知与认知他人

德鲁克说：“**领导者必须先学会自我领导。**”自我认知是自我领导的第一步，人们有可能穷尽一生都不能真正地了解自己。为什么这么说呢？因为人们从小变大，从大变老，从老到死，这是一个不断变化的过程。很少有人事先知道，并准备好了接受死亡，总有未知的事情和未知的自己。管理者之所以是管理者，是因为他要管理并带领一个团队来完成部门或公司的目标。如果他不了解自己，那么他很难有效地带领自己的团队，因为只有了解了自己的优势和不足之后，才可以**有意识地避开自己的误区，选择不同的管理方式来带领下属**，发挥自己所长或弥补自己所短。

随着管理者带领的团队规模越来越大，各种各样的员工都会有，而且会有不同年龄阶段的员工，他们的意愿度、能力、个性不同，管理他们的方式也要不同，否则一定会遇到很多挑战。然而，在决定采取不同的管理方式之前，管理者首先要了解自己的个性特征、偏好、社交风格及其自然形成的管理风格。随着管理经验的积累和沉淀，管理者也会有些调整和改变，因此每一位管理者都在不断变化中了解自己，又在了解自己的过程中不断成长。

在**知己知彼**这个部分，通过以下六个概念或工具来帮助管理者了解自己，同时认知他人：①冰山模型，②围巾保护层，③DISC 个性特征，④乔哈里视窗，⑤贝尔宾团队角色，⑥职业锚。

冰山模型

看过美国电影《泰坦尼克号》的人大概都记得在电影开始不久，当船长看到航行的正前方有一座巨型冰山时万分惊恐的表情和之后一系列忙乱的动作，左转、快速左转、全速后退、关掉所有节气阀、引擎反转、船舵转到底……遗憾的是，这艘当时世界上最先进、最豪华的万吨巨轮眼看着与**水面上**的冰山擦肩而过时，却遭受到冰山**水面下**更巨大的冰层的重创，在五小时之内经历了倾斜、断裂，最后全船沉没在大西洋海底，夺走数百人的宝贵生命。泰坦尼克号沉船的故事让人印象深刻，造成沉船的冰山的威力也给人们留下深刻的印象：水面上的冰山只是冰山的一角，而水面下的冰山才是冰山最重要的、最关键的部分。

很多管理者都知道冰山模型，但是真正了解它的作用，同时将它恰到好处地用到管理中的人为数不多。每个人都是一座冰山，它由三个部分组成：看得见的水面上的冰山、水平线、看不见的水面下的冰山，如图 3.1 所示。人们的外在特征，如个子、动作、着装、表情、手势、年龄、声音、口音、走

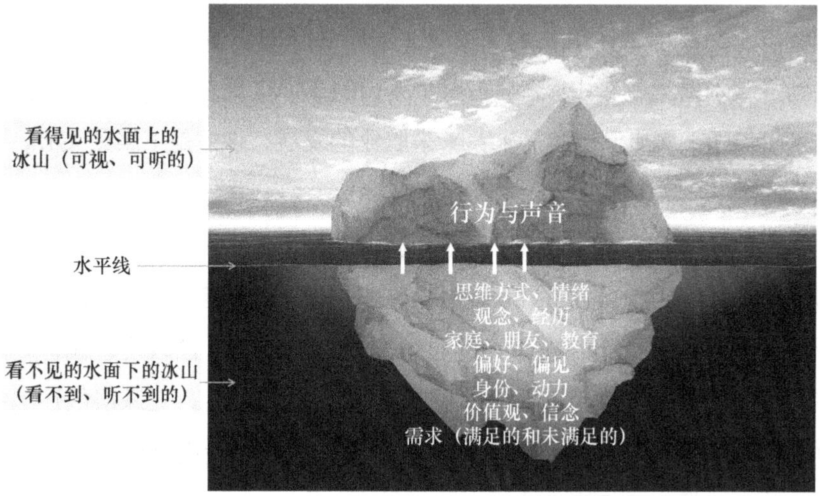

图 3.1　一座冰山的三个组成部分

路姿势等，都可以通过镜子或录像看到或听到，这都是冰山上面的可视的和可听的内容。人们在工作场景中天天面对这些，而它们给人们提供了大量的信息以帮助人们做决策、沟通、解决问题和完成目标。

然而，这些可视的和可听的内容有些是真实的，有些不是真实的，还有些是半真半假的；或者有些是有规律可循的，有些是变化无常的。在管理者与下属没有建立信任之前，下属有时不愿意表达自己的想法，当被邀请发表意见时，表面说没意见，实际上是有保留的，有时甚至是非常抵触的。

1998 年，我在 AN 公司工作时，有一天业务经理小高告诉我，自己的下属小杨去年曾经提出辞职，问其原因，说工资太低，所以小高在年底尽最大努力把小杨的工资提高了 30%，但是半年后她还是离开了。对此，他非常不理解。

小高非常生气，认为他的下属“背叛”了他，为什么涨了工资后还要辞职！当时作为人力资源经理的我，与小高的下属进行了比较坦诚的辞职访谈，她告诉我与经理小高谈工资太低，确有其事，“但是涨工资不是我的目的，我期待上级能更公平地对待每个下属，而不是‘会哭的孩子有奶吃’。我希望他能针对我的优势和劣势提出未来职业发展的建议，可是我观察了半年，没有任何动静，只有不断地被要求完成越来越高的指标，并被安排大量重复的工作，我看不到目前工作给我未来的职业发展带来的价值……”管理者小高只关注到下属**水面上**的冰山，它只占整个冰山的 1/10，而忽视了水平线下更为巨大的冰山，即下属更深层的需求：未来职业的发展，这才是下属更关心，也是更本质的需求。

那么除刚才描述的可视的、可听的外在特征外，每个人藏在水平线下的 9/10 都包括什么呢？为什么说水平线下的冰山是更丰富、更关键、更本质的部分呢？因为水平线下包括人们的思维方式、情绪、个性风格、偏好，还包括过去的所有经历、家庭背景、所受的教育、社会关系，更深层的还包括价值观、信念和信仰、人生目标、动机和需求，尤其是没有被满足的需求，而所有这些构成了丰富多彩的个人。

更重要的是，这些要素直接牵动着冰山上面人们的一言一行，例如，因为我的核心价值观是正直诚信，所以我在工作场景更喜欢，也会比较倾向用直接、坦诚的方式沟通，而且说到做到，讲信用。

2015 年，在中央电视台《挑战不可能》的节目中报道了一位山东莱芜的面馆师傅赵文起创造的一项吉尼斯世界纪录。在节目中，他用一双长 2.28 米、重 16.5 千克的筷子，从盘中夹起一颗**生**鹌鹑蛋，送到评委嘉宾董卿的手中，鹌鹑蛋完好无损。表演后，董卿问赵文起，为什么要做这样一件事，赵文启是这样回答的："我从小学习成绩不好，尽管我非常刻苦，起早贪黑地学习，我的成绩还是一直不尽如人意，我很希望得一张印有我的名字的'三好生'的奖状，但是我从来没有得到过……我没有上高中就开始在面馆工作，无意中发现自己很有劲儿，就自己打造了一双两千克重的铁筷子。后来我听说了吉尼斯的相关世界纪录，我就把筷子的重量不断增加到现在的 16.5 千克……"这个故事清晰地介绍了水平线下没有被满足的需求：得一张写着他名字的奖状，驱动着赵文起敢于去挑战不可能，苦练三年，创造了常人不敢想象的奇迹。

如果不了解赵文起的整个冰山，则很容易停留在水平线上面的冰山上，即他的外在特征，如力大无穷，但是这个力量来自他埋得很深的一个渴望，是他小时候的一个梦想，这是他最本质的、最关键的动机。为了实现这个梦想，他可以苦练三年，手磨出了泡，又变成了茧子；为了实现这个梦想，他一再增加筷子的重量，不仅得到了属于自己的奖状，还为中国创造了世界纪录。这时看到的赵文起，不只是一个力大无穷的好汉，更是一个能"四两拨千斤"的巧汉。人能看到一个有着丰富内心世界的面馆师傅。

通过了解冰山模型，可以更好地了解自己的全貌，尤其可以洞察到自己冰山下的价值观、信念、动机和需求；可以更好地为自己的行为找到更深层的原因；更重要的是，可以很好地理解为什么没有外界的压力，没有其他任何物质奖励，而赵文起还能长期自我激励，最终实现他小时候的梦想。

冰山模型还可以帮助管理者更好地了解下属的全貌。当了解了下属的思维方式、个性特征、过去的经历、家庭背景、社会关系时，则可以与他们有深度的连接。

可以对每个人有针对性的支持和辅导。如果有幸能了解他们的价值观、信念、动机和需求，那么甚至可以预测他们的一些行为和想法，找到他们最渴望的激励方式。

围巾保护层

秋天刚到，冬天还没来临，发现有人已经戴上了围巾，它有保温的功能，有时它也有一种心理上的保护作用。爱美的青年人和怕冷的老年人不论走到哪里都会有不同颜色、不同材质、不同花色的围巾配在身上，平添一份暖意和美色，久而久之，装饰的作用也许超过了保暖的意图。在本书中围巾一词有装饰和保暖两层意思。围巾（Scarf）保护层的提出者大卫・洛克博士发现，外界的刺激会给人脑带来奖励或威胁，继而引发两种不同的反应模式：趋利或避害，当外界刺激涉及生死存亡时，这种反应会更加强烈。他认为“尽可能降低威胁和增加奖励”是大脑运行的首要原则。洛克博士的围巾模型总结了工作中可能引起趋利、避害反应的五种主要诱因，可以帮助人们在与他人互动的过程中有意识地降低“威胁”，更多地创造积极正向的“奖励”体验。

研究发现每个人对潜在威胁的觉察是不同的，不仅包括对威胁来源的不同觉察，而且觉察程度也不同。为了提高自己的安全感，人们需要了解潜在威胁主要来自何方：是关于地位、明确性、自主性、连接，还是公平？因为对地位等五个方面的重视程度不同，而且失去它们则可能构成对自己的潜在威胁，所以人们喜欢戴上“围巾”，保护好自己。如果管理者知道自己更关注的保护层在哪里，也知道下属更关注的保护层哪里，即最怕失去什么，那么则可以更好地觉察潜在威胁，从而有效去除潜在威胁。

举个我最近一个客户 Anita 的例子。通过测试她发现自己的围巾保护层最高分是“明确性”。她感觉大梦初醒，发现自己因为怕失去这种“明确性”，所以在同一家公司的同一个部门工作了整整 18 年。更重要的是，她发现自己会不由自主地限制自己尝试学习新的技能或做不同的工作，因为那会让她隐隐地感到不确定性带来的潜在威胁，而且有时她会对周围同事或朋友在最后一分钟完成任务，或者改变主意而有比较强烈的反感。当她在 45 岁左右发现这个特征之后，她开始认真地考虑主动调整自己的工作，让自己慢慢尝试着逐步地走出“明确性”这个舒适区，探索**不确定性**给她带来的突破、学习和成长。

大约有 50%的人都会比较重视“明确性”，它是围巾保护层占比最高的群体；其次是“地位”，占平均人口的 20%，“地位”保护层分数最高的人天生就比较有竞争力，争强好胜，并且期待在工作场合受到充分的尊重。

围巾保护层的另三个方面，自主性、连接和公平，各占 10%的比例。“**自主性**”保护层分数最高的人更喜欢自我掌控，自己做选择。“**连接**”保护层分数最高的人总爱花时间与他人连接，也很擅长与人打交道，非常喜欢做一些让他人感觉重要又有特殊意义的事情，同样他对他人也有相同的期待。“**公平**”保护层分数最高的人非常看重公平，他们宁可被一个更棒的对手打败，也不能接受违规操作。如果有人插队，他们会非常生气，会通过签到排队来保证每个人的公平竞争。

围巾保护层让人们了解到自己非常重视什么、潜在威胁在哪里，这是非常主观的个人感受，与每个人冰山下的个人经历和成长背景直接相关。测试结果使水平线下的冰山浮出水面，让它变得可视，而人们就会有更好的自我觉察，进而可以有效地进行自我管理，如更关注连接的人就可以适当提醒自己，每个人对人际关系的期待会不一样，不要期待所有的人在与自己沟通之后会有回复或反馈，这里没有绝对的正确与错误，只是每个人的关注点不一样。

而我的客户，Anita 就可以适当提醒自己每个人关注“明确性”的程度有所不同，这样就可以理解，甚至接受他人与自己正相反，或者更偏向**不**确定性带来的刺激。围巾保护层让人们了解了自己最敏感的神经在哪里，如果能把这些因素都考虑进去，则可以在激励效果方面做到“四两拨千斤”。

DISC 个性特征

马歇尔·戈德史密斯发现：“很多管理者都会**想当然**地认为自己的下属个个都跟自己一模一样，如拥有相同的行为方式、相同的工作热情、相同的智商，尤其是拥有相同的工作方式。当你发现事实并非如此时，请记住，责任并不在你的下属。”我很好奇，有多少管理者清楚地知道这一点，又有多少管理者能真正做到对不同个性的人采用不同的激励方法。

大多数管理者可能都听说过 DISC 个性特征，这是一个简单又有效的个性特征分类，D（Dominancc）是指支配性，I（Influence）是指影响性，S（Steadiness）是指稳定性，C（Consciousness）是指认真。美国心理学家马斯顿博士 1928 年出版的《常人之情绪：DISC 理论原型》（*Emotions of Normal People*）奠定了个性特征的理论基础。马斯顿把人分成四大类型：偏主动又比较喜欢质疑的“老虎”类型的人、偏主动又比较倾向接受的“孔雀”类型的人、偏深思熟虑又比较倾向接受的“考拉”类型的人，还有偏深思熟虑又比较喜欢质疑的“猫头鹰”类型的人。四种不同的个性特征，如图 3.2 所示。

图 3.2　四种不同的个性特征

每一种类型都有比较明显的特征，如“老虎”类型的人比较喜欢看大局，目标感很强，做事果敢，有快速的反应力和行动力，同时这种类型的人因为更关注任务和外向，人际敏感度相对较低。在激励这种类型的下属时，怎样做比较有效？同时又需要避免哪些误区呢？给他们有挑战的目标、更多的授权是比较有效的激励方法；如果让他们做比较细致的过程管理，并且涉及复杂的人际关系，则会让“老虎”类型的人比较痛苦。

偏主动又比较倾向接受的“孔雀”类型的人非常擅长也很喜欢与人交流，他们有比较强的亲和力和表达力，更关注与各种各样的人的连接与互动，是团队中的润滑剂；同时他们比较粗线条，不太关注细节。如果用激励“老虎”类型的人的方法来激励“孔雀”类型的下属，如设置有挑战的目标，那么在很大程度上达不到激励的效果。但是如果把很多建立人际关系的工作交给“孔雀”类型的下属，那么就能最好地发挥他们的优势了。

偏深思熟虑又比较倾向接受的“考拉”类型的人，非常关注细节，喜欢对任务的最终结果把关，喜欢与人交流，是团队中非常稳健的贡献者，但是比较惧怕人际冲突。如果管理者把一个质量管理的工作交给他们，对“考拉”类型的下属再合适不过了；但是如果把经常需要抛头露面的市场宣传工作交给“考拉”类型的下属，则对他们来说比较有挑战。

最后一种类型是偏深思熟虑又比较喜欢质疑的“猫头鹰”类型的人，他们最擅长系统的、客观的数据分析和思考，做事比较追求完美，不轻易相信他人。如果把一个大型的市场调研的数据分析的项目交给“猫头鹰”类型的下属，对他们和管理者来说都是比较省心的；但是如果把客户经理或售后服务的工作交给他们，开始时一定会有挑战。

我会在本书的每一招中详细地讨论不同类型的员工与激励他们的不同方式，因为激励如同中医开药，首先需要对病人进行望闻问切，否则就不能对症下药，也不会有真正的效果，甚至会造成浪费资源。

乔哈里视窗

乔哈里视窗是一个非常好用的自我认知工具。美国心理学家乔瑟夫和哈里从自我概念的角度对人际沟通进行了深入的研究，并根据“自己知道——自己不知”和“他人知道——他人不知”这两个维度，依据人际互动双方对沟通内容的熟悉程度，将人际沟通信息划分为四个区域：公开区、盲区、隐私区和未知区。乔哈里视窗的重要价值是让人们知道每个人都有自己不知道的盲区和未知区，借助他人的视角，可以更完整地认知自己，包括自己待开发的领域和潜力。

乔哈里视窗如图 3.3 所示，展示了四扇窗户，左上角是你我都知道的公开区，这也是冰山上面的可视、可听的部分；右上角是他人不知，只有自己知道的**隐私区**，人们都有一些不会与他人分享的信息，如银行账户信息等；左下角是自己不知道，但是他人知道的部分，如我的一位朋友小燕说话非常直率，会用比较唐突的方式拒绝他人，通过同事和经理的反馈小燕了解到自己的**盲区**，即忽略沟通中他人的感受。

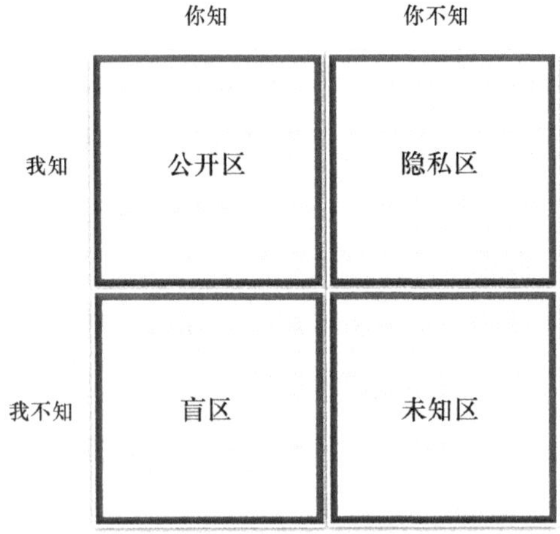

图 3.3　乔哈里视窗

乔哈里视窗的右下角是你我都不知的领域，即**未知区**，这是每个人都有的，但尚未挖掘出来的潜力。前边谈到的小燕在知道了沟通中他人的感受的重要性之后，开始培养相关能力，同时又得到同事和经理的辅导、反馈和鼓励，小燕有可能在未来成为在人际方面更敏感的沟通者。

其实每个人都有很多潜力，只有在尝试做从来没有做过的事情时才有机会展现，当不断尝试新的挑战、新的任务、新的领域时，人们才会发现其实每个人都是“潜力股”。作为管理者，你的工作就是挖掘自己和下属的潜力，让自己和下属都可以成为更好的自己。

贝尔宾团队角色

贝尔宾博士和他的同事们经过多年在澳洲和英国的研究与实践，在 1987 年提出了著名的贝尔宾团队角色理论。他们根据每个人的个性、经验、思维能力、角色体验、价值观和动力因素等不同形成了每个人对几种角色的偏好，使每个人在团队的行为、贡献，以及人际互动的倾向性上有明显的特征，贝尔宾将其定义为团队角色，它们分别是“协调者”、“鞭策者”、“完成者”、“执行者”、“评审员”、“智多星”、“外交家”、“凝聚者”和“专业师”。贝尔宾认为**没有完美的个人，但有完美的团队**，善用个人的行为优势可以创造一个和谐的团队，同时可以极大地提升团队和个人的绩效。

通过测试可以了解自己在团队中更喜欢承担哪个角色，可以承担哪些角色，不喜欢承担哪个角色。为了更好地了解每个角色的特点、优势和可以允许的缺点，以下列出贝尔宾团队角色的九种角色的具体描述，如表 3.1 所示。

表 3.1　贝尔宾团队角色的九种角色的具体描述

角色类型	典型特征	值得肯定的品质	可允许的缺点
智多星（Plant，PL）	个人主义、有创造力	有天分、富有想象力、智慧、博学	好高骛远、无视实际工作细节和计划
外交家（Resource Investigator，RI）	外向、热情、好奇、善于交际	有与人交往和发现新事物的能力，善于迎接挑战	当最初的兴奋消失后，容易对工作失去兴趣
协调者（Co-ordinator，CO）	冷静、自信、有控制能力	根据所有潜在贡献者的品质毫无偏见地对待和欢迎他们。有很强的目标感	智力和创造力属中等水平
鞭策者（Shaper，SH）	喜欢挑战、好交际、富有激情	随时愿意挑战传统、厌恶低效率、反对自满和欺骗行为	喜欢挑衅、易怒、做事没有耐心
评审员（Monitor Evaluator，ME）	冷静、不易激动、谨慎、精确判断	判断、辨别能力强，冷静	缺少鼓舞他人的能力和热情
凝聚者（Team Worker，TW）	合作性强、性情温和、敏感	随机应变、善于调和人际关系、促进团队精神	在危机时刻优柔寡断
执行者（Implementer，IM）	保守、有责任感、有效率、有纪律	有组织能力、务实、能把想法转化为实际行动、工作努力、自律	缺少灵活性，对未被证实的想法不感兴趣

（续表）

角色类型	典型特征	值得肯定的品质	可允许的缺点
完成者（Completer Finisher，CF）	埋头苦干、遵守秩序、尽职尽责、易焦虑	有坚持不懈的能力，完美主义者	容易为一些小事而焦虑，不愿放手
专业师（Specialist，SP）	诚心诚意，主动性强，甘于奉献。能为团队提供非常好的技术支持	具有奉献精神，拥有丰富的专业技术知识。致力于维持专业标准。要求依据深入的知识经验做出决策	只局限于狭窄领域，专注技术知识而忽略大局

贝尔宾团队角色理论可以帮助管理者更好地认知自己，同时了解团队成员，对于建立互补互助的团队，以及提升人岗匹配度都有重要的指导意义。最能激励人心的管理者会让“外交家”和“协调者”负责外联工作和整体项目的协调管理；相反，如果管理者让“智多星”去做“完成者”的工作，估计不到两个月，管理者自己和员工都会非常沮丧。

职业锚

美国麻省理工学院斯隆商学院、职业指导专家埃德加·沙因在 1978 年提出了职业锚的概念，他认为当一个人不得不做出选择的时候，他无论如何都**不会放弃**的职业中的那种至关重要的东西或价值观，即选择和发展自己的职业时所围绕的中心，就是人们的职业锚。人们在实际工作中获得经验，经过不断的自我反省，对自己的动机、价值观、才干有了更多的自我觉察，之后就可以找到的与之相符，又能达到自我满足和补偿的一种相对稳定的职业定位。

沙因经过 12 年的研究，提出了以下八种类型的职业锚。

1. 技术/职能型

技术/职能型的人始终不肯放弃的是在专业领域中展示自己的技能，并且不断把自己的技术发展到更高层次的机会。他们希望通过施展自己的技能以获取别人认可，并且乐于接受来自专业领域的挑战。他可能愿意成为技术或某一职能领域的管理者，但**管理本身**不能给他带来乐趣，因为这意味着他可能脱离自己擅长的**专业领域**。

2. 管理型

管理型的人追求并致力于工作晋升，**倾心于全面管理**，独自负责一个部分，可以跨部门整合其他人的努力成果，并且将公司的成功与否看成自己的工作结果。具体的技术/职能工作仅仅被看作通向更高、更全面管理层的必经之路。他具有分析、人际和情商三个方面的综合能力，同时有较强的自我激励能力。

3. 自主/独立型

自主/独立型的人始终不肯放弃的是按照**自己的方式工作和生活**。他希望有足够的灵活性，并且由自己来决定何时及如何在组织中工作。如果他无法忍受任何程度的约束，他就会去寻找一些有足够自由度的职业。他宁可放弃升职加薪的机会，也不愿意丧失自己的**独立、自主性**。

4. 安全/稳定型

安全/稳定型的人始终不肯放弃的是稳定或终身雇用的职位。他希望有成功的感觉，这样他才可以放松下来。他关注财务安全（如养老金和退休金方案）和就业安全。他对组织忠诚，希望以此换取终身雇用的承诺。在财务负担加重或面临退休时，他对安全的需要会更加明显。安全/稳定型的人把自我认知建立在**如何管理安全与稳定上**。

5. 创业型

创业型的人希望使用自己的能力去创建属于自己的公司或**创建完全属于自己的产品或服务**，而且愿意去冒险，并且克服面临的挑战。他们想向世界证明公司是他们靠自己的努力创建的。他们可能正在别人的公司工作，但同时他们在学习并评估将来的机会，一旦他们感觉时机到了，他们便会自己走出去创建自己的事业。

6. 服务型

服务型的人追求他们认可的核心价值，如让世界更适合人类居住、解决环境问题、增进人与人之间的和谐性等。他们一直追寻这种机会，即使这意味着变换公司，他们也不会接受不允许他们实现这种价值的工作变换或工作提升，一旦找到了这样的工作和工作的意义，他们可以自我激励。

7. 挑战型

挑战型的人喜欢解决看上去无法解决的问题，战胜强硬的对手，克服无法克服的困难。对他们而言，参加工作或选择职业的原因是允许他们去**战胜各种挑战**。如果事情非常简单，它会马上变得令人厌烦。

8. 生活型

生活型的人喜欢允许他们平衡个人的需要、家庭的需要和职业的需要的工作环境。他们希望把生活的各个主要方面整合为一体。正因为如此，他们需要一个能够提供足够弹性，让他们实现这一目标的职业环境。

职业锚是个人与工作环境互动作用的产物，虽然有相对的稳定性，但是在整个职业生涯的过程中，也会在实际工作中有适度的调整。

自我突破：自我管理与变革管理

只有在自我认知和认知他人的基础上，才有可能讨论自我管理和变革管理，因为不了解自己的人很难有效地自我管理，就如同小婴儿还没有学会说话、听到自己的声音时，是不可能教他把每个字说清楚的。首先是能看见自己、看到自己完整的冰山、看到自己戴的围巾、看到自己的个性特征、看到自己的优势、盲点、想保护的隐私，同时意识到自己还有很多潜力，了解自己在团队中喜欢扮演的角色，以及自己未来职业发展的重心，之后就可以认真地讨论如何有效地管理自己了。

首先，我特意把自我管理和变革管理并列在一起，因为无论喜欢与否，人们每天都在变，从生下来那天起，人们天天都在**长大**：能走路了，会自己吃饭了，上幼儿园了，会写字了，上中学了……工作了，结婚了，有孩子了……人们开始变得“资深”了，其实，**自我管理就是一个自己不断经历变革管理的过程。**

20 岁或 35 岁之前，人们欣然地接受，甚至拥抱自己的变化，因为长大了、成熟了。但 35 岁以后，人们不太情愿，甚至有些抵触自己的变化，因为人们正在一天天变老，每天都要面对变革管理、管理好自己的状态，这是人们一生的功课，从被动地接受改变，到**有意识地自我突破，这是质的改变**。

以下从五个方面来谈自我突破：①每个人都不断经历的成长阶段；②在成长过程中人们都会走出自己的舒适区；③从员工到管理者必须调整的包厢视角；④随着管理职位的不断上升，人们要步入的领导力进阶通道；⑤管理者自我管理的最佳状态，自我激励。这五个方面是管理者成为优秀领导者的必经之路。

成长阶段

人们学习新知识、新技能都是从不知道开始，以知道结束的。有些知识和技能，人们是从**不知道自己不知道开始的**。记得很小的时候，看妈妈做饭，觉得一切都很简单，感觉看多了我就会做饭了。所以，有一天妈妈不在家，我想象着妈妈做饭的样子，准备自己做，结果不仅没吃上饭，还差点出了事故。一开始，蜂窝煤炉子的火，就是旺不起来，没有火怎么做饭呢！接着，不会切黄瓜。记得妈妈一只手拿刀，另一只手放在黄瓜上，然后就开始很有节奏感地切黄瓜。我把一只手放在黄瓜上，另一只手举起菜刀，黄瓜没有按住，忙乱中菜刀直接落到我的手指上，鲜血直流。那一刻，我才知道我还不会用刀，我也不会做饭，但是我以为我会做饭。

一刀出血后，我进入了我知道我不会做饭阶段，之后，经过妈妈辅导、示范、手把手教导、我自己的刻苦练习，我真的会用刀了，黄瓜不会乱滚了。黄瓜片虽然切得有点厚，但是大致能达到妈妈的要求了。我能让炉子的火旺起来了，我进入了我知道我能做一些简单的饭菜的阶段。两年后，我可以比较熟练地做很多菜了，我再也不用向别人宣称我会做饭了，做饭已经成为我生活的一个组成部分，我进入了**无意识下做饭技能的运用**阶段。这就是我学习做饭的成长过程。综上所述，一个人的成长阶段如图 3.4 所示。

非现金激励——如何更好激励你的下属

成长阶段与自我管理和非现金激励有什么关系呢？管理者和下属的成长都是按照如图 3.4 所示的轨迹发展的，如果管理者善于管理自己的成长阶段，他就可以更好地辅导下属管理他们自己的成长阶段。在成长阶段中有两个关键点，首先是从第一到第二阶段的**意识层面**的转变，即**从不知道自己技能缺乏到知道自己技能缺乏**；其次是从第二到第三阶段的技能缺乏到技能运用的**实践过程**。管理者自己从员工成为管理者就经历第一个关键点，因为曾经是优秀员工，被晋升到管理的职位，所以看着经理管理团队，就很容易**以为**自己知道如何做管理者，但实际上自己并不知道，这就是**无意识下的管理技能缺乏**。直到遇到下属的挑战和质疑，甚至收到非常负面的反馈，管理者才在**意识层面上知道了自己缺乏管理技能。**

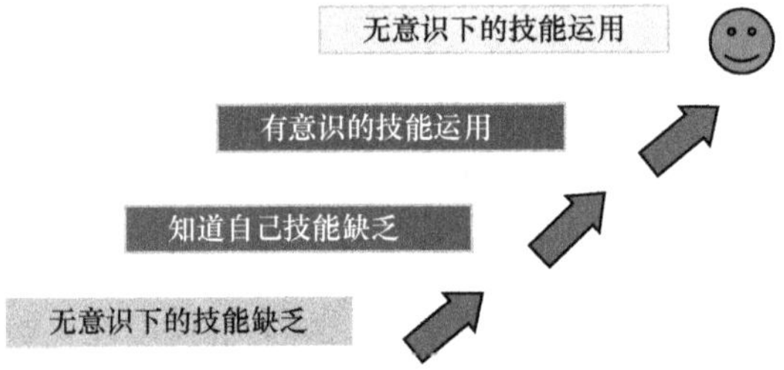

图 3.4　一个人的成长阶段

然而“知道”与“真正能做”还有一段距离，用马歇尔·戈德史密斯的话说：“这里有一个非常大的差距！”因为从意识层面知道到落实到行动上还需要认真学习、实践、征询反馈、虚心向他人请教、恶补相关的管理知识，这样在管理技能方面才能快速成长。两三年后你就会发现自己已经可以比较自信地、熟练地管理自己的团队了，这时你就进入了第四阶段，无意识下的技能运用。如果有机会又被晋升到更高一层的管理职位，你或许认为自己已经做管理多年了，以为自己知道如何做更高级别的管理，直到再次受到挑战、质疑，甚至遇到失败，你才发现其实自己并不知道如何做这个级别的管理者，你又重新回到第一阶段……

人们在职场上会不断学习新知识和新技能，也会不断地重复以上这个过程。自我管理比较好的人对自己有比较敏感的觉察。如果发现自己有较长一段时间一直都处于无意识下的技能运用阶段，那意味着什么呢？是自己没有学新技能了吗？

舒适区

人们都有自己比较熟悉的领域和熟知的技能，如自己大学里学习的专业，刚开始工作时所接触和掌握的技能，如销售、技术支持、软件编程、财务等。随着职业的发展，无论是否愿意，人们逐渐地都会接触或转到以前不熟悉的部门，如售前技术支持变成了销售，人力资源里的招聘变成了福利与薪酬管理，还有些优秀的员工被提拔到了管理者的位置， 还有些人决定从一家公司跳到另一家公司。

当然还有更大的跳跃，如从国企直接到美国的本土公司工作，这里不仅有公司的变化，还有文化的挑战，这就是人们所说的走出舒适区的经历。有些人**主动**走出舒适区，有些人**被动**走出舒适区；有些人在年轻时很喜欢主动走出舒适区，而人到中年时就更喜欢待在舒适区了；有些人开始被动走出舒适区，后来尝到甜头，以后就开始主动走出舒适区。

留在熟悉的领域即舒适区，就会感觉舒适、安全、自信，甚至悠闲自在。有些人在舒适区待久了会感觉不舒服，觉得枯燥和无聊，于是开始寻找机会，走出舒适区，看看外面的世界有什么有趣的、新鲜的事情可以去探索。还有些人在舒适区待久了，虽然稍有无聊之感，但一想到要开始学习新技能，而且还会有些风险，就没有勇气走出去。在舒适区停留的时间越长，越不想出去，直到有一天被推出舒适区，如上级把他调离现在的岗位，或者部门解散了，或者公司合并了等。这些人开始非常痛苦，有抱怨，甚至抑郁了……但是后来这些人反过来感恩有这段经历把他们唤醒了，否则他们很有可能一直留在舒适区里，最终退休或被淘汰。

五年前我有一位资深客户，机械行业国企公司的中层管理者肖经理，给我分享了他走出舒适区的故事。说他“资深”，是因为其实他只有 45 岁，但是头发已经开始花白，看上去比他的实际年龄要“资深”一些。我在“非现金激励”

工作坊上让所有的学员跟着我一步一步地画了一张走出舒适区的画，如图 3.5 所示。

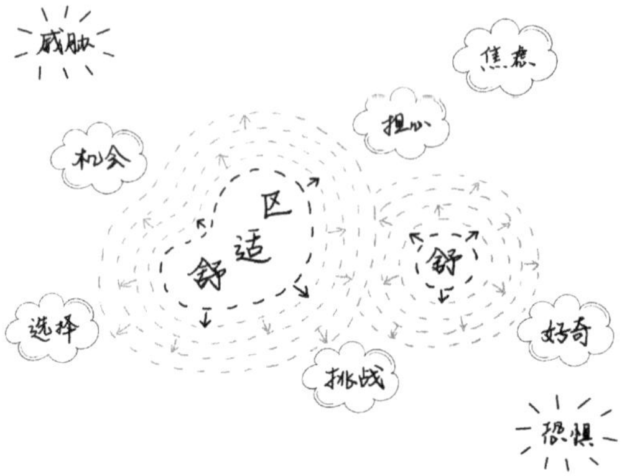

图 3.5　一张走出舒适区的画

首先，在如图 3.5 所示的最里面的舒适区虚线圈外面写下工作的**第一年**自己学会的重要工作技能，可以是学会了销售技能，如掌握了销售流程和销售技巧，还可以是比较软性的技能，如学会了怎样与供应商沟通等，至少写三个；然后，在字外面再画上一圈虚线，写下工作的**第二年自己增加的新的重要工作技能**，至少写三个；之后在字外面再画上一圈虚线，继续写工作的第三年增加的新的三个重要工作技能。之后话锋一转，我请大家回忆最近三年的情况，如现在是 2013 年，请写下 2011 年增加的新的三个重要工作技能，之后写 2012 年增加的新的重要工作技能，最后写下 2013 年自己正在学习和计划将要学习的新的重要工作技能……

工作坊结束后，肖经理找我要了联系方式，我在一周后收到他的邮件。他与我分享了当时画自己的舒适区的图时给他带来的震撼："刚开始工作的三年，能写出很多，肯定会超过三个，但是您让我写最近三年学到的**新**技能时，我傻眼了！2011 年我什么新技能也没学，2012 年一样，2013 年我还是没有什么可写的，更没有计划学习任何新技能，我突然意识到我最近三年一直在原地踏步！其实最近五年就是这个样子了…… 我知道我不能再这样'混'下去了。"

后来我们一直保持联系。肖经理告诉我后来他找上级主动请缨，负责公司一个非常重要的项目，虽然过程非常曲折，其中有很多坎坷，但是肖经理学到了很多的新技能，扩大了他的影响圈，周围的同事都说他工作起来像换了一个人。肖经理深刻意识到以前待在舒适区里钱没少拿、工作轻松自如是多么害人害己，因为长期不学习新技能会让自己快速退化、进入老年、自动被淘汰。

肖经理在画舒适区的过程中对自己有了觉察。如果没有这次“非现金激励”工作坊，肖经理会在什么样的情况下觉察自己已经原地踏步五年了呢？怎样让自己随时对自己的状态有所觉察，保持终身学习呢？让自己“不断有突破，持续成长”这本身就是自我突破。

包厢视角

现在请想象今天晚上你走进一家小型剧场，你的座位是二楼第一排正中间的位置，你看的演出是芭蕾舞《天鹅湖》，我相信你一定会非常享受今晚的演出。因为你看演出的**位置**不能再好了，这个“**包厢**”的视角可以让你看到演出的全景，享受整个演出的视觉造型和流动的舞姿。我这里介绍的“包厢视角”（见图 3.6）是指专门提供给管理者的，希望他们能够随时有意识地抛开日常的工作场景，**站到更宏观的角度去审视自己整个部门的工作**，进而可以有更宏观的把控。

然而这并不是一件容易做到的事情，所以我把这个内容放在“**先修己，再带人”的自我突破的标题下**。当从优秀员工转到初级管理者的角色时，因新提拔的管理者曾经是“舞池”里跳得最棒的“舞者”，所以他们非常享受自己“跳舞”的时光。当优秀员工成为管理者时，他们本应该逐步离开“舞池”，应占到“包厢”位置以便更好地观察整个“舞池”里“跳舞”的所有“舞者”。但是，那个“舞池”对他的吸引力非常大，因那是他的舒适区。离开“舞池”就是离开自己的舒适区，而他还没有学会如何从“舞池”过渡到“包厢”、如何在“包厢”里工作，这是非常大的转换，**从自己做到指导别人做**，而且是让一个“跳”得非常好的“舞者”去辅导跳得不怎么好的“舞者”。很多情况下会听到这样的无奈：“教他们半天，也做不好，还不如我自己做呢！”

图 3.6　包厢视角

久而久之，管理者被牢牢地拴在了“舞池”，却不知“包厢”在何处。在20 多年的管理和咨询中，我见过有些初级管理者五年都没有真正完成从优秀员工到管理者的**转型**；更糟糕的是，他们有些还被提升到中级管理者，带着同样的习惯，很得意自己能继续在“舞池”里“舞动”，忘记了他们应尽的管理职责。难怪管理界有一个臭名昭著的彼得定律：“总有优秀的员工被提拔到他们不胜任的职位，结果在管理的团队中又多了一位糟糕的管理者。”

“包厢视角”是抽离的视角。作为一个管理者，他需要能在“舞池”和“包厢”之间进行灵活的切换，既能下得“舞池”跳舞，又能上得“包厢”观察。刚开始可能在“舞池”的时间多一些，但随着时间的推移、下属的成长、自己辅导技能的提升，应该让自己在“包厢”多停留一些时间。这需要管理者有意识地调整自己的定位，离开舒适区，离开自己熟悉的领域，努力学习新的技能，如转换思维、辅导员工、有效授权、提供反馈等，让自己真正扮演管理者的角色，履行管理者的职责。其实从优秀员工到初级管理者的转变只是管理征程的**第一步**，如果有机会得到进一步的提升，如从初级到中层管理者，再到中高级或高级管理者，管理者还有好几个关键的转型。

领导力进阶通道

领导力进阶通道是一个连续的、不断向上发展和更宽的管理通道，如图 3.7 所示。拉姆·查兰在他的《领导梯队：全面打造领导力驱动型公司》一书中指出，在一个上万人的大型企业里，管理者有可能要经历六个重要的转折点（过渡期），才能成为管理多个不同部门或集团的 CEO。第一个是从员工变成带领员工的初级管理者，这个阶段主要是从**管理自己**到**管理他人**的转化，也就是前边说的从“舞池”里跳舞的“舞者”，变成能够站在“包厢”里观察他人“跳舞”、需要时能够下到“舞池”去辅导他人“跳舞”的教练兼管理者。

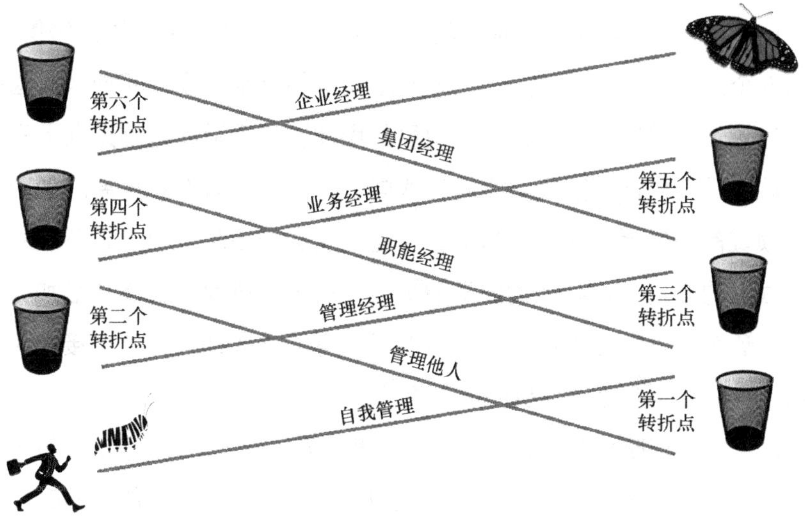

图 3.7　领导力进阶通道

第二个是从初级管理者成为带领管理者的中层管理者，这是一个比较有挑战的转折。相对而言，带领管理者要比带领员工需要站到更高的角度，拥有更多的积累，做出更成熟的决策和拥有更平衡的把控。如果说第一个阶段的转变为从“做事”到“带人”，那么这个阶段需要进一步向“带人”方向倾斜，而且带领的人还是管理者。

第三个是从带领管理者到带领一个职能部门。这个阶段既要管理**管理者**，也要管理**员工**，人数会有明显增加，不只对一个团队负责，需要对**整个职能部门**全权负责。如果说前两个阶段是从底层向上发展，那么第三个阶段开始横向发展，要求管理者对这个职能部门有非常深刻的了解和掌控。管理者不仅要“带人”，还要管理他不熟悉的地区，如从只管理北京的财务部门到管理如北京、上海和广州的财务部门。

第四个是开始管理一个大的业务部门，继续第三个阶段的横向发展，如不仅管理自己熟悉的部门，还要管理自己不熟悉的业务部门、跨地区管理，因为它们都属于这个大的业务部门，如销售部门里还继续分成大客户销售、渠道销售和电话销售。如果这个管理者是从大客户销售成长起来的，那么当他成为销售总监时，他不仅要管理大客户销售业务，同时还要管理渠道销售和电话销售业务。他就需要在最快的时间内了解其他地区的全面的销售业务。

第五个是管理一个业务集团，无论是业务的复杂程度、跨地区或国家的程度，还是管理层级和人数都会有明显的增加。如果前面提到过向上发展和横向发展，那么到这个阶段，则是斜线向上，同时又有左右扩展。他所管理的很多领域都不是他以前所熟悉的，无论是业务、团队、职能，还是外部市场都有很大的变化，随着他的职责的扩大，决策的风险也在逐步增加。除此之外，到这个级别的管理者无论其职能或业务的性质都有可能直接面对外界的媒体，有时还需要处理危机公关等事件。

第六个是管理整个企业，如成为领军者、第一把手、CEO 等。在每个转折点，管理者都必须放下他所熟悉的领域中的 30%的知识和技能，同时以至少 30%的新的技能来补充这个新角色和新岗位所要求的能力，否则他很难胜任新的职位所赋予他的工作。这是一个艰难的、逐步的、蜕变的过程，最后“毛毛虫”才能变成漂亮的蝴蝶，自由地飞翔在蓝天。

中国有句古话说得好：“没有‘舍’就没有‘得’。”做管理就要随时整理自己的“行李”，该放下的就必须放下，该去学习的必须花时间去学习和掌握。每到一个新的阶段，都要学习新的技能，同时放下不需要的“行李”，**再随时**

做好准备以在未来的阶段再学习新技能，增加新的“行李”……让自己处于**持续动态的学习**之中，这样才能成功地率领千军万马，完成公司的目标，同时成就更好的自己。

自我激励

自我激励是指不需要**外界奖励和惩罚**作为激励手段，能为自己设定的目标努力工作的一种心理特征。激励本身就包括内在和外在因素，而自我激励更关注自己内心深处的渴望、冰山下面的驱动力，可以是价值观驱动，可以是长期坚守的一份信念或信仰的驱动。激励的原因**更多源自自我**，而且这是人类共有的天性。丹尼尔・平克在他的《驱动力》中把自我激励归纳为三个方向，第一，自主，也可称为自我掌控；第二，精通，把正在做的事做得越来越好；第三，意义，做任何事都有背后的意义，找到了意义就找到了做事的动力。换句话来说，每个人都有自我掌控的愿望，都有想把自己正在做的事情做到越来越好的向往，都希望了解做事的意义，如果能实现这些愿望就可以自我激励。

1. 自主

人生中有很多事情都是从向他人学习开始的，之后才能自己做。当自己能从头到尾把一件事情做好时，就会有一种自立的感觉。逐渐地，你会有自己的想法，希望事情自始至终是按照你的设想去完成的，这时你就会有成就感，而这种成就感让你感觉事情在自己的掌控中，不需要依赖他人、不需要听从他人指挥、不需要在他人的指导下反复修改，甚至不需要他人的评判。你会认为：“我知道我能把这件事做得非常棒！无论是做事方法、做事的时间，还是在那里做、与谁一起做或自己做，我都可以自己决定。”这是一种能力的体现，一种自立和独立，更是自信的表现。**每个人都有这样的渴望**。

其实小时候就有以上这样的渴望，到了青年这种愿望更强烈，到了中年，你就是自我掌控之王。难怪中国古话说，三十而立。到了老年你也希望能有自我掌控，希望有自己的尊严。安乐死其实就是人到老年自己掌控自己生命终点的典型例子。因此自主是人类自我激励的重要源泉。

自主与非现金激励有什么关系？作为管理者给下属创造机会让他们快速学习、成长，从依赖他人到独立做事，让他自己独立思考并顺利完成工作的成就感，就是采用了**自主**的自我激励原则。因为随着下属负责的工作复杂程度增加、管理的项目越来越多，他们的能力也逐步提高，他们自己能掌控的工作也越来越多，他们的成就感也越来越大。正是因为这个道理，管理大师德鲁克说："今天，许多人经常谈如何'赋予'员工对工作的自豪感、成就感和受到重视的感觉，但是别人无法'给'你自豪感、成就感和受到重视的感觉……自豪感和成就感都必须源于**工作本身**。"在本书第 4 章的第二招勇于授权、第 6 章的第七招快乐工作和第 7 章的第十招职业规划中都会介绍如何做可以让员工有更多的自主。

2．精通

自我激励的第二个源泉是精通，就是想把自己正在做的事情做得越来越好，这是一条渐近线，因为越来越好是可以一直追求的目标，与自主相同的是人们无论做什么，刚开始都是从"不会"到"会一点"，再到"基本会"，最后到"完全会"。因此，人们都会经历一个开始做得不太好、自己都不能接受，后来好一点，自己能看到自己在进步，再后来越来越好的过程。此时，**人们是自己的评判人**。因为对自己的作品不满意，人们就会不断改进，不断尝试，直到自己满意为止。但是这个过程有时会因人而异，会因外界的情况而发生变化。

精通与非现金激励有什么关系呢？当管理者知道了自我激励中人们有把自己正在做的事情做得越来越好的愿望，就可以给下属提供适当的空间和时间让他们**自发自愿地把自己的工作做好**。如果做事之前，让他们看到做事最好的衡量标准，则会激发他们向高标准看齐的愿望，如果同时把评判他们工作质量高低的权利留给他们自己，则可以更有效地激发他们追求卓越的**内在动力**。在第 4 章的第三招追求卓越和第 6 章的第八招突破创新里介绍如何通过精通达到激励的目的。

3. 意义

自我激励的最后一个源泉是意义，这是一个非常重要的概念，因为人类天生就是意义的追求者。丹尼尔说："人类对生命意义的追求是其主要的动机。"无论做什么事人们都想知道：为什么要做这件事？意义何在？如果找到了意义，人们就会欣然启动；如果没有找到意义，人们就会迟疑，会等待，有时甚至会拒绝，因为没有动力。如果在没有找到意义却被迫必须行动起来时，人们就会边干边问。如果找到了长远的共同意义，人们就会自发自愿地长期坚守承诺，以极大的热情投入到工作中，甚至可以牺牲小我，以成全集体或国家更大的利益。

意义与非现金激励又有什么关系呢？从奥地利集中营走出来的维克多·弗兰克尔在他的名著《追寻生命的意义》一书中说："生命的意义对每个人、每一天、每一刻来说都是不同的，所以重要的不是生命之意义的普遍性，而是在特定时刻每个人特殊的生命意义。"如果员工在工作前认真思考过这份工作给他带来的意义，如果管理者在分配挑战性的任务给员工时，告诉他完成这个任务给他自己、部门和公司带来的价值，员工就会有更多的自发自愿的努力，因为员工已经可以自我激励了。如果员工不仅能够找到短期的意义，还能与你一起探讨中长期的意义，那么你基本可以预测这位员工在公司服务的时间长度了。在第 7 章的第九招共创愿景里探讨如何通过找到意义达到激励的目的。

在清楚地了解自己作为一名管理者的定位，对自己和他人有了比较清晰的觉察和洞察，同时也了解了自我管理和变革管理对管理者的重要性之后，管理者才能站稳脚跟，只有在这个时候管理者才有能力，比较自信地影响他人和领导他人，因为管理工作的本质就是通过领导他人来完成团队的目标。老子说："知人者智，自知者明。胜人者有力，自胜者强。"如果自己还没有站稳，何谈影响他人？如果不了解自己和下属，何谈管理自己和领导他人？如果不能自我突破，何谈辅导下属自我突破？更不用说带出优秀的团队，创造出色的业绩！

CHAPTER 4

第 4 章

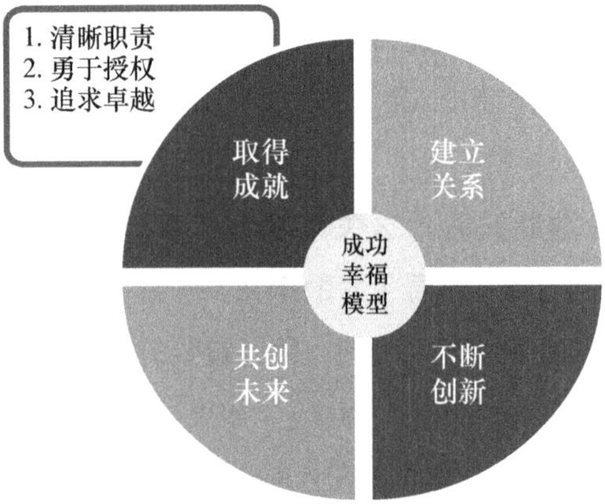

非现金激励的取得成就的三招

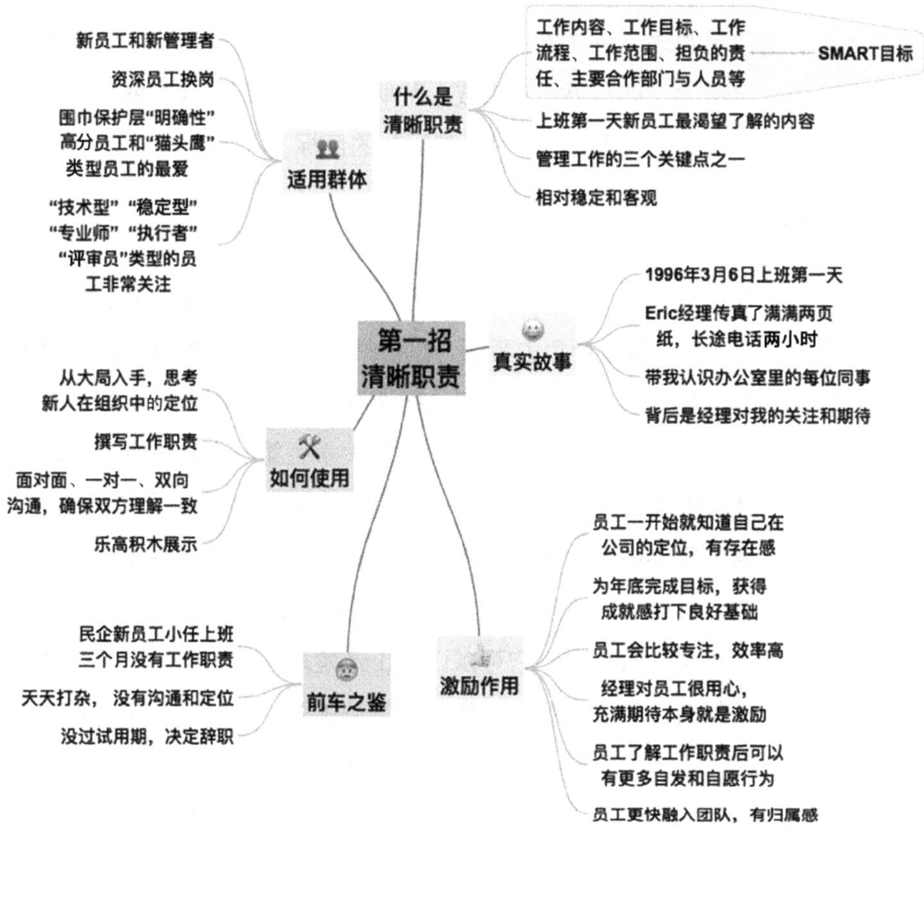
第一招
清晰职责
什么是
清晰职责
工作内容、工作目标、工作
流程、工作范围、担负的责
任、主要合作部门与人员等
SMART目标
上班第一天新员工最渴望了解的内容
管理工作的三个关键点之一
相对稳定和客观
适用群体
新员工和新管理者
资深员工换岗
围巾保护层“明确性”
高分员工和“猫头鹰”
类型员工的最爱
“技术型”“稳定型”
“专业师”“执行者”
“评审员”类型的员
工非常关注
真实故事
1996年3月6日上班第一天
Eric经理传真了满满两页
纸，长途电话两小时
带我认识办公室里的每位同事
背后是经理对我的关注和期待
如何使用
从大局入手，思考
新人在组织中的定位
撰写工作职责
面对面、一对一、双向
沟通，确保双方理解一致
乐高积木展示
激励作用
员工一开始就知道自己在
公司的定位，有存在感
为年底完成目标，获得
成就感打下良好基础
员工会比较专注，效率高
经理对员工很用心，
充满期待本身就是激励
员工了解工作职责后可以
有更多自发和自愿行为
员工更快融入团队，有归属感
前车之鉴
民企新员工小任上班
三个月没有工作职责
天天打杂，没有沟通和定位
没过试用期，决定辞职

第一招　清晰职责

在**取得成就层面**上有非现金激励的三招：清晰职责、勇于授权和追求卓越，它们都更关注成果。第一招清晰职责是管理者带领团队**前**首先要思考并做好的前期工作；第二招勇于授权是指管理者在带领团队**过程中**需要认真观察并且适时地做出管理决策并付诸行动；第三招追求卓越是管理者**自始至终**需要坚守的一份信念。这三招相辅相成，帮助管理者使用**非现金激励**的思维和方法，提升团队成员的能力，同时达到团队的目标。

什么是清晰职责

清晰职责是指提供一份详细的工作职责介绍，它包括工作内容、工作目标、工作流程、工作范围、担负的责任，也包括公司和所在部门的组织架构、主要合作部门与人员、同事或下属、工作纪律和规范、可以使用的资源等。工作职责介绍是每位新员工（无论是刚毕业的大学生第一次走进办公室，还是久经沙场的高层管理者），上班的第一天或第一周都希望看到的书面介绍，或者面对面沟通的重要内容。如果在沟通的过程中管理者还能提出对新员工的期望，那么这位新员工一定会对自己未来的工作充满期待。

公司的组织结构非常重要，它可以让员工清楚地了解自己属于公司的哪个业务部门，了解自己的主要合作同事和上下游关系，这样可以更清楚地了解自己的定位和个人的工作成果对部门和公司的影响。管理大师彼得·德鲁克说："如果没有组织结构，你就永远无法完成自己的工作，也无法确认自己应该做哪些工作。这就像身体必须有骨架一样，组织同样需要组织结构，只有这样才能发挥其精准的功能。"

清晰职责中的"**清晰**"两字非常重要，它是帮助团队成功的三个关键条件之一。"清晰"是指每个人**清楚地知道自己的工作目标、角色、衡量标准和**

自己的工作与公司大目标之间的联系。而且，清晰与否不是介绍工作职责的经理认定了即可，更关键的是被介绍的员工认为是否清晰，因此双向的沟通、足够的时间是清晰职责的重要保障，只有这样，员工才可以非常投入地开始工作。艾德里安·高斯蒂克在他的《一天一根胡萝卜》一书中推荐的一个策略就是“清晰明确地告诉你的员工对他们的要求”。

工作目标是清晰职责中最重要，也是最挑战的部分，因为设定目标从来都不是一件容易的事。在管理中最常见的就是 SMART 目标，即目标要具体（Specific），可以衡量（Measurable），努力后可以达到（Achievable），与公司大目标相关（Relevant），有时间节点（Time-bound）。大多数公司的目标是自上而下分解出来的，尤其是与业务相关的目标。

清晰职责之所以成为非现金激励的重要思维和方法，是因为它决定了员工是否在上班的第一天或第一周就有明确的目标，这样他可以在年终绩效评估时因为达到目标而获得成就感。设定目标是激励员工的重要手段，因此如何设定目标、设定什么样的目标，直接决定了员工的成功与否、去留与否，甚至未来的职业发展。从激励的角度看，由内而外的目标、自下而上的目标、适当有挑战的目标、个性化的目标比由外而内、自上而下、没有挑战和千篇一律的目标要更加激励人心。

工作职责一旦制定，就有一定的稳定性。但是管理者都知道，变化是一个常数，因此目标不是一成不变的，尤其处在目前非常不确定的时代。互联网的发展、VUCA［易变性（Volatility）、不确定性（Uncertainty）、复杂性（Complexity）和模糊性（Ambiguity）的缩写］已经成为常态。随着外界环境的改变、员工个人情况的变化，管理者可在季度末或下半年度适当调整目标。调整个体目标时，必须考虑和平衡好部门和团队其他成员的利益。大多数目标有量化的标准，相对比较客观；即使有些软性的目标不好量化，也可以通过 360 度评估获得量化的结果。

设想一下自己是一名新员工或刚刚加入公司的一名管理者，经历了这家公司的面试，也上网查过这家公司的情况，甚至还认识公司里的几个人，在你真的、正式走进这家公司的大门、准备开始报到上班时，你最希望看到什么？最希望听到什么？最想做什么？我想大多数人都希望能见到自己直接汇报的上级，都希望能听到他给你介绍你的工作职责，都希望清楚地了解你要做什么、能够给自己和公司带来多少价值。

事实的确是这样，你首先希望能够清楚地了解自己在公司里做什么，之后才可以开始有效地工作，才可以有所贡献。当你有了明确的工作目标和职责，知道与谁合作，又了解了基本的工作流程、方法和资源后，就可以开始全身心地投入工作中，在工作中获得能力的提升和成长，同时获得成就感。如果说以上描述是一个激励的过程，那么设定清晰的工作职责就是激励的第一步，它为新员工在公司的未来发展打下了良好的基础。

如果一名刚从学校毕业的新员工小王，上班的第一天没有机会见到上级，也没有其他同事帮忙简单地介绍她的工作职责，只是临时找了一位资深同事老张，让他顺便带一带小王。如果老张今天碰巧特别忙，他看看稚嫩的小王，意识到教她所花的时间要比自己做花更多的时间，他很有可能顾不上小王，自己就忙起来了。那么小王第一天上班的最大渴望就是“我能干点什么？”可以想象小王第一天上班的沮丧和无奈。更糟糕的是，小王第二天来上班，上级出差了还没回来……

试想这种情况持续三天，小王的入职经历也许只能用两个字来概括：失望！不知道是否有管理者认真计算过小王上班三天给公司造成的浪费是多少？也许有人会提出异议：小王为什么不能主动打电话问她的上级呢？非常合理的质疑。相信一定有人经历过类似的场景，然后打电话给上级，上级抱歉地说：“哎呀，不好意思，我忘记你今天来上班了，这样，我马上就要开会了，我先用五分钟大概给你介绍一下工作的情况……这两天我不在，你就先跟老张学习一下……”当你好不容易找到上级说的那位老张时，一脸茫然的老张用他的表情告诉你两件事：第一，你上级事先没有告诉他这件事，他也不知道你要干什么；第二，他不太欢迎你，因为他在忙。

真实故事

我就是新员工小王，1996 年 3 月 6 日，加入中国 IT 行业的一家外企 AN 公司的信息产品集团，做员工培训和发展工作，那是我人生的一个重要转折点。我与小王相同的经历是上班第一天我的上级出差在外，但是，我比她幸运得多。我不到 9:00 就到了办公室，经理的秘书告诉我，Eric（我的上级）给我发了两页纸的传真，让我先看一下我的工作职责。大约在 9:30，Eric 从香港打来电话，把两页传真纸上的所有内容逐一详细地介绍给我，最后 Eric 告诉我，他找了好久才找到能够胜任这个岗位的人，这个人一定能够给信息产品集团带来非常重要的价值，并且对我充满期待。

Eric 这个长途电话花了整整两小时！放下电话，我深深地感觉到担子的沉重，因为我加入 AN 公司之前从来没有在企业工作过，更不用说在企业做员工培训和发展，我基本上就是零起点。但同时我又被他的话深深地鼓舞着，感觉快要融化了。

这一天还有让我更惊喜的安排，因为 Eric 不在办公室，他特意安排一位经理 Barry，中午请我吃饭。很巧妙的安排，因为 Barry 是面试我的经理之一，这样我不会在上班第一天感觉完全陌生。Barry 告诉我 AN 公司的新员工上班第一天的午餐一般都会由上级请客，希望通过这个方式能比较好地照顾新员工初来乍到、不熟悉周围环境的感受，在吃饭时双方可以更放松和开放地相互了解。

我不记得在 AN 公司上班的第一天还做了什么，只记得时间过得好快，发现自己很幸运加入了这样一个非常有条理、很正规，同时又很有人文关怀的公司。入职第一天的感受是否决定了我在这家公司一干就是 14 年，我很难说。但我现在回忆自己 32 年的职业生涯，发现在 AN 公司的 14 年是我人生最珍贵的一段工作经历，因为我在上班的第一天与我的上级 Eric 和同事 Barry 的沟通让我清楚地知道了我需要做什么、怎么做、与谁做，我知道他们对我的厚望，我了解了我未来的工作可以给我的集团带来的价值。当时还不太清楚什么是激励，只觉得自己很兴奋，对这份工作充满着好奇，很想尽快开始工作，不辜负 Eric 和 Barry 的期望。

清晰职责的激励作用

詹姆斯·库泽斯和巴里·波斯纳在他们合著的《领导力：如何在组织中成就卓越》（第 6 版）（以下简称《领导力》）一书中说："如果领导者想要人们付出自己的全部，将整个身心都奉献出来，他们就必须首先制定清晰的标准。有了清晰的目标和详尽的反馈，人们就可以自我矫正，并且更加容易理解自己在大局中的具体位置。"

在新员工上班的第一天或第一周就由上级清晰地介绍工作职责，看起来很常见，也很容易，但经常被忽视。如果像我这样在第一天就了解了自己的工作职责，则完全得益于上级事先做好了准备工作，他清楚自己部门的组织结构和每位员工在其中扮演的角色和他们要履行的责任。就像下棋一样，一位优秀的棋手既对整个棋盘有宏观的把控，又对每个棋子的微观状态有深入的了解。他会有长远的公司或部门的组织蓝图和布局，然后把他的思考和规划落实到每位成员的具体工作职责中，这是每位管理者一定要在每位员工上岗**之前**想清楚的。

随后，Eric 回到公司的第一天，也是我上班的第三天，又做了一件让我惊喜的事情，这使我后边开展工作顺利了许多。Eric 带着我在办公室转了一大圈，把我介绍给北京办公室的每一位同事，有 30 多人。说实话，那天都见过谁，我记不太清了，但是大家都认识我了，都知道我做什么了，我们之间的联系已经建立了。

现在，回忆我为什么能够在 AN 公司工作的第一年就获得年终评定 4 分（最高分为 5 分），我认为我深深得益于 Eric 给我非常完整的、具体的、贴心的入职引导，具体包括了如下内容：

- 事先准备好的书面工作职责；
- 详细的电话沟通和讲解；
- 请 Barry 帮助介绍公司的文化；
- 让我尽快认识部门的所有同事，同时也让他们认识我。

在介绍工作职责时能够把工作目标和衡量方式讲解清楚是非常关键的。当时 Eric 明确地告诉我，你的工作就是为前方冲锋陷阵的销售部门做好最有力的后方支持，不仅要弥补他们目前技能的差距，还要关注他们未来的能力提升，他们是最终对你的业绩做出评价的群体，年底是 360 度评估，有量化的和非有非量化的指标。这样的介绍让我在一开始工作时就清楚地知道谁是我的“客户”，谁是我的关键合作伙伴，我不是只对一位上级负责，我要为整个集团提供人员培训和发展的服务，同时我也清楚地知道我的工作能够给整体集团带来的价值。我第一年的工作不仅要考虑到现存的差距和挑战，还要规划怎样应对未来的挑战，这对我一个新人来说是非常有挑战的，因为我自己还在学习和摸索的过程中，但是大家都知道，在巨大的压力下工作与快速学习和成长是成正比的。

设想你自己是新员工小王，辛辛苦苦干了一年，你认为自己全力支持上级的工作就可以得到很高的年终评分，但到了年底，你的经理告诉你，虽然他对你的工作比较满意，但是 360 度评估下来，你的总评分为 2 分，你一定会感觉不好。这种错位的理解和模糊的期望值在我咨询和培训过的客户中比较普遍，因为在最开始没有充分和透彻地沟通。的确，清晰、准确和一致的理解往往是可遇不可求的。《高效能人士的七个习惯》把清晰的期望值归到人际关系情感账户的“存款”项里。其实我非常鼓励每一位新员工在第一次入职面谈时就**主动问上级一个问题**：“到年底，您会怎样衡量我的业绩？谁会参与我的绩效评估？”这样可以提醒上级把衡量方式介绍清楚。

我计算了一下经理（包括 Eric 和 Barry）在我入职过程中所花的时间，大约四小时。这四小时换来了什么？换来了我对公司的高度认同和忠诚，换来了我对 Eric 的全力支持，换来了我的高效工作，使我知道我工作的重点和重要合作伙伴，也换来了我对公司文化的好奇和深入学习，以及更多自发和自愿的行为，这就是清晰职责带给我的激励。有些经理可能选择逐步地、渐进地介绍工作职责，如在工厂直接把新员工带到现场，边介绍边工作，这也是一种非常有效的方法。

前车之鉴

这也是一个真实的故事，我的客户小邹是一家互联网民企公司的初级管理者，他在 2016 年秋天参加了我的“从优秀专家到卓越管理者”工作坊后，与我分享了他的挑战：“为什么我连一个刚毕业的大学生都留不住？”小邹是一个比较开朗、自信、豪放的人，他的部门三个月前招进了一名刚毕业的大学生小任。作为带新人的主管，小邹没有什么经验，于是他就按照自己进公司的经历，采取了一种粗放的“放养”方式来对待小任。因为没有任何工作经验，小任无法独立承担任何工作，所以小邹就安排她给部门的其他同事“打杂”，希望借此机会让她尽快熟悉业务，认识同事。小邹当时鼓励小任说：“刚开始工作，干什么不重要，重要的是积累必要的工作经验，一两年以后就会有一个明显的飞越。”

然而，小任在试用期不到三个月时就提出了辞职，这让小邹非常沮丧。我当时问了小邹三个问题：

- 小任上班的第一天或第一周你给她介绍她的工作职责了吗？
- 在这两个多月里，你们专门讨论过她的定位和工作价值吗？
- 你通过什么方式了解她的想法，尤其关于未来发展的想法？

记得他瞪圆了眼睛看着我，对我这三个问题都使劲地摇头……

图 4.1 可以更清晰地描述小任近三个月的工作状况，它就像一堆杂乱无序的乐高积木。小邹和他的同事谁都可以要求小任帮忙，把各种各样的事情随时“扔”给小任，但是没有人告诉她这项任务与那项任务的关系，也没有人给小任解释为什么要做这件事，更没有人考虑过小任的感受和能力的提升。更有意思的是，小邹告诉我：“我来这里的时候我的领导也没有给我介绍什么工作职责呀！”小邹的话是很有代表性的，有不少管理者就是这样“上行下效”成长起来的。一位卓越的管理者一定会有很多效仿他的下属，一位中庸的管理者也会有很多，因为只要是领导，他就有光环。直到有一天，下属最终会

图 4.1　新员工上班三个月“打杂”

发现上级的招数不好用了。也许上级的方法对你有效，但对你的下属可能就没有效果了。

我期待小邹很快明白每个人都不一样，每个人都有自己的需求和特性。对小邹这种相对比较开朗、自信、粗线条的人来说，如果没有清晰的工作职责，他则可以主动去问，积极发现，也可以成长得很好。但是小任的需求和个性显然与小邹不同，她可能是“猫头鹰”类型的员工，而且她的围巾保护层中的“明确性”要求一定比较高（参考第 3 章相关内容）。因此，对她来说在没有明确的工作职责和工作范围的情况下工作三个月非常有挑战性。

适用群体

不仅新员工需要清晰的职责，还有两类人也需要，但是他们往往被忽视，结果造成企业的资源浪费，并使员工士气低落。第一类是**转岗的资深员工**。因为他们不仅是资深员工，而且一直就在公司或部门内部，所以在他们转岗时，对他们的职责有很多的“**想当然**”，甚至转岗的员工自己也认为都很清楚自己的职责。这就是在第 3 章中提到的**成长阶段**里的不知道自己技能缺乏的阶段。

然而，事实会让他们非常尴尬，当他们真的开始在新岗位工作了一周后，一定会发现有很多疑问和不懂的地方，这时他们会有很多顾虑：“找经理问吧？但经理会不会发现我连这么简单的事都不知道，给他留下不好的印象？找同事问吧？他们大多数来公司比我还晚，可能比我还年轻，会不会有点没面子？”所以不少转岗的资深员工对此采取的策略是：自己慢慢琢磨。如果此时来衡量他们的工作效率，一定不太乐观。如果问问他的自信心，也一定不会太高。但是，如果管理者对待转岗员工的态度像对待职场新人一样认真、负责，那么可以想象无论是转岗员工的工作效率还是自信心都会提高很多。

第二类是刚提拔的**初级管理者**。虽然很多公司都为新管理者提供培训，但是**给新经理介绍他们的新工作职责与培训有着本质的区别**，而且从他们被提拔到经理的那一刻到真正参加培训的那天，时间跨度可长可短，幸运的管理者在一个月内参加了新经理培训，但我接触到的管理者在带领团队三年甚至五年后才有机会参加培训。

因为考虑有新经理培训，所以不少上级管理者直接去掉了新工作职责介绍这个环节。结果是很多新任初级管理者在前三个月工作中如履薄冰、如临大敌，日子过得异常艰难。如果对待新经理像对待职场新人一样认真、负责，不仅为他们准备一份新的工作职责介绍，并且告诉他们从优秀员工到卓越的管理者需要做哪些调整，如需要转换哪些思维、提升哪些技能等，那么企业里的糟糕管理者一定会少很多。

有一种类型的员工会非常喜欢，也会很看重清晰职责的介绍，如果上级为他们做了这一步，那么他们会发挥巨大的作用；否则，他们就会很受打击。这种类型的员工是 DISC 个性特征里的认真的“猫头鹰”类型的人，职业锚中的“技术/职能型”和“安全/稳定型”的人，围巾保护层中的“明确性”高分者，还有贝尔宾团队角色中的“专业师”、“执行者”和“评审员”。不同类型的人对职业的需求会不同，如果能够满足他们最需要的、最看重的需求，就可以恰到好处地激励他们。

每年年初，在与员工做一年的绩效谈话时，最好把当年有变化的工作职责与员工沟通清楚。如果临时工作有变化，或者有一个特殊的项目，则最好也有比较清晰的工作职责介绍，但不用像新员工的那样详尽。如果管理者能主动听取员工的想法，问问他们有什么需求和愿望，则可以更好地促进管理者与员工之间的交流。

如何使用

清晰职责是非现金激励里名列第一位、分量很重的激励方法，也是其他激励方法的基础，包含了以下三步和一个关键词：沟通。

第一步：**从大局着手，认真思考新人**（新员工或新任管理者）**在整个组织中的定位**。管理者采用包厢视角，想象自己站在包厢中，纵观部门的整体情况，做出工作安排。不一定是让新人填补离开人的空缺，而是借此机会，重新安排团队成员的工作。

第二步：撰写具体的工作职责。工作岗位职责虽然是相对比较稳定和客观的，但是根据不同的新人（经验、级别、个人背景等不同），可以有比较个性化的目标和衡量标准，最好包括：工作范围、工作目标、所承担的责任、组织结构、主要合作伙伴、部门与同事、成果的衡量方式、工作规范、所汇报的上下级关系等。

新员工的工作职责可以用乐高积木模型来展示，如图 4.2 所示。新员工的位置显而易见，他所在的部门有清晰的界限，他需要完成的工作内容各有不同，他所在部门与其他部门之间的合作有明显标识。

图 4.2　给新员工清晰的工作职责

第三步：**与新人面对面、一对一、双向沟通，确保双方的理解是一致的。**如果不能面对面沟通，最好有书面的工作职责作为电话沟通的基础。沟通时，管理者最容易陷入的误区是“认为工作职责简单明了”，因为管理者比较了解情况，所以想当然地认为别人也会知道，其实不然。最好能换位思考，把自己当成新人，试想别人与你如何沟通才能保证你能容易理解。

小 结

激励不一定需要钱，激励也没有那么玄，只需要管理者设身处地想象自己如果是新员工（包括刚转岗的员工或刚提拔的管理者），那么上班（转岗或提拔）的第一天最需要什么，以及如何最快地进入工作状态、尽快地融入团队。之后从这个角度为新员工准备清晰的工作职责，并且介绍给他，倾听他的想法，了解和解答他的困惑，同时表达对他的期待。如果你能做到这些，则你已经为他创造了非常棒的工作条件，奠定了新员工追求卓越、实现自我价值的基础。新员工需要什么，管理者就提供什么的方法称作个性化激励，它需要管理者真正花时间去做宏观思考和布局，然后落实到微观的每一位非常独特的下属身上。

清晰职责是管理者容易忽视，但非常容易操作的激励方法。

设想到年底，新员工取得了骄人的成绩，他不仅完成了个人目标，还帮助团队超额完成了团队指标，作为新员工的上级，你可以为自己喝彩，因为你第一天的清晰的职责介绍，不仅为他指明了目标，还让他看到了自己的价值，让他成就了自己。

清晰职责的检查清单

为了帮助管理者有效地使用非现金激励的第一招，以下用教练式辅导的方式提出了六个方面的问题。你可以通过回答这些问题，反思自己是否做到了清晰职责。

1．你为什么需要这个职位？这个职位在组织结构里起什么作用？

2．如果用一句话描述这个职位的目标，那会是什么？它够 SMART 吗？

3．这个职位目标的范围是什么？与你和其他人，以及部门的合作关系是怎样的？

4．这个职位所担负的主要责任是什么？如何衡量这个职位上的员工或经理的成功表现？

5．你对将到任的新人有多少了解？你对他有什么期待？

6．你将在何时、何地，用何种方式与新员工沟通他的工作职责？怎样保证你们的理解是一致的？

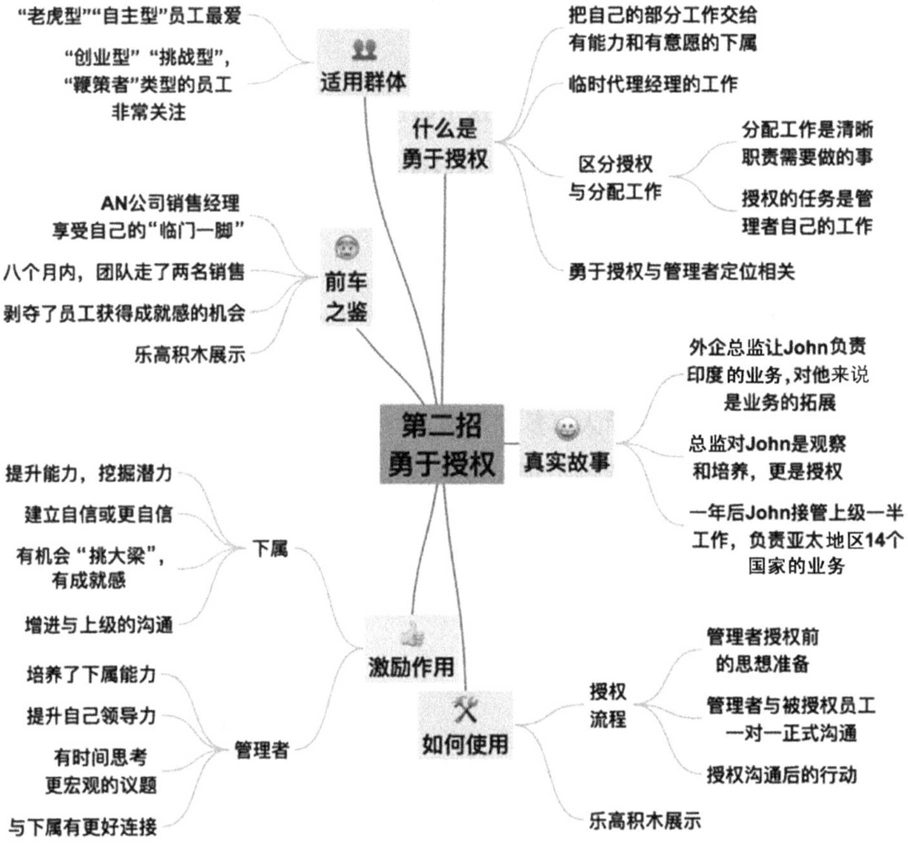
第二招
勇于授权
适用群体
“老虎型”“自主型”员工最爱
“创业型”“挑战型”，
“鞭策者”类型的员工
非常关注
什么是
勇于授权
把自己的部分工作交给
有能力和有意愿的下属
临时代理经理的工作
区分授权
与分配工作
分配工作是清晰
职责需要做的事
授权的任务是管
理者自己的工作
勇于授权与管理者定位相关
前车
之鉴
AN公司销售经理
享受自己的“临门一脚”
八个月内，团队走了两名销售
剥夺了员工获得成就感的机会
乐高积木展示
真实故事
外企总监让John负责
印度的业务，对他来说
是业务的拓展
总监对John是观察
和培养，更是授权
一年后John接管上级一半
工作，负责亚太地区14个
国家的业务
激励作用
下属
提升能力，挖掘潜力
建立自信或更自信
有机会“挑大梁”，
有成就感
增进与上级的沟通
管理者
培养了下属能力
提升自己领导力
有时间思考
更宏观的议题
与下属有更好连接
如何使用
授权
流程
管理者授权前
的思想准备
管理者与被授权员工
一对一正式沟通
授权沟通后的行动
乐高积木展示

第二招　勇于授权

前边已经介绍了取得成就层面中的非现金激励的第一招清晰职责，它是管理者带领团队**前**首先要思考并准备好的前提条件。以下来介绍第二招勇于授权，它是管理者在带领团队**过程中**需要认真观察并且适时做出的重要管理决策和需要付诸的行动。

什么是勇于授权

授权是指管理者把自己的某些工作交给别人，通常是自己的下属，然后由下属在特定的时间里代替管理者处理这些工作，而此时下属有决策权和签署权。这种授权犹如管理者和下属签订了一个授权合约，只是在工作中通常是通过口头、备忘录或邮件来沟通完成授权签约的。

并不是任何下属都可以被授权的，授权有一个重要的前提条件。在保罗·赫塞的《情境领导者》一书中对可以被授权的下属有非常精辟的定义，即只有那些**有能力又有意愿**的优秀下属，才可以被授权，这样管理者才能放心地授权。你授权委托的人一定是你信任的人，否则你是不会委托他来帮助你代理自己的工作的。

所谓有能力和有意愿都是针对管理者所授权的工作来说的，管理者自己和下属不可能在任何工作上都是有能力和意愿的，因此，授权可以是一个从简单到复杂工作逐步授权的过程。开始时，先把比较简单的工作交给有能力又有意愿的下属去做，在他成功完成所授权的工作之后，再考虑授权给他比较复杂的或有挑战的工作，同时也要考虑下属的意愿度，这与下属的自信心密切相关。当下属了解到授权是管理者对自己的培养和潜力的挖掘时，下属的意愿度会明显提升，因此关于授权的沟通非常关键，在后边的具体操作方法里对此有详细介绍。

为什么要勇于授权呢？对于很多管理者来说，好不容易坐到管理者的位置，刚刚有了很多权力，为什么要给别人呢？表面上的授权问题，实际上是一个管理者如何**定位**自己的挑战。如果用仆人领导力的思维来定位自己，则管理者就是通过有效授权来开发和培养其他领导者的潜能，让其他成员有机会发展其领导能力的人。

还有很多管理者“想放权，又怕乱”，更有一些管理者对员工做员工自己的本职工作都不放心，有时还经常要求员工按照自己的方式来做，或者发现员工做得不够好时，自己亲自去做员工的工作，所以授权并不是一件容易的事。有些做管理多年的经理，可能从来都没有真正授权过。

2017 年年底，我在一家制造业的国企为中层管理者做领导力工作坊，其中专门介绍了授权和授权的流程。在学员做练习时，我请学员根据自己目前需要授权的真实挑战来做两人一组的角色扮演，我作为观察者听到了以下这样一段真实的对话。

学员甲（管理者）：小王，你好！现在忙吗？我想请你帮个忙。

学员乙（下属）：张经理好！现在还不太忙，有什么事吗？

学员甲：是这样，刚才张工来电话说三号车间的水管漏水了，你能去看看，把它修好吗？

学员乙：没问题，我马上就去。

不到 30 秒的授权练习做完了，我真想为他们团队的高效执行力喝彩，但是，这是授权吗？于是就有了我与学员甲，即管理者的扮演者的如下对话。

我问学员甲：“修水管是你的工作吗？”

“不是。”学员甲斩钉截铁地回答，“但也不是小王的日常工作。”

“那你刚才做了一件什么事情呢？”我继续问学员甲。

“我给小王分配了一个紧急突发的任务。”

“你可以找一项你自己做的工作授权给下属，以此来做练习吗？”

“不能呀。”

“为什么呢？”

“我**从来**没有把自己的工作交给过下属去做。”

“我有点好奇，你做带领团队的管理者有多少年了？”

“差不多八年吧……”

我举这个例子想说明管理者授权的常见误区。要走出误区，管理者需要**区分授权与分配工作**。授权的关键点在于被授权的工作必须是**管理者自己的工作**，如管理者休假两周，他授权一名优秀下属代理日常工作的签署权和决策权。而分配工作是管理者在新员工上岗，或者每年年初，或者在新项目启动时就与员工**事先沟通好的，那是员工的本职工作**。如果管理者在员工上班的第一天或年初的时候就可以把工作职责介绍清楚，也就是说成功地完成了非现金激励的第一招清晰职责，那么就不存在每天、每周，或每个月给员工分配工作了。如果清晰职责没有做到位，管理者就会在日常工作中不断地自己打扰自己：给员工分配工作，后果是管理者自己很辛苦，员工也没有积极性。如果员工是每周或每个月地**被分配工作**，那么他们很难有长远的打算，更不用说自觉自发地工作了。

真实故事

2010 年，John 在中国的一家外企制药业 BO 公司已经工作了八年，专门负责公司的培训工作。有一天，在新加坡负责整个亚太地区培训的他的上级人才发展总监 Claudia，打电话说要与 John 商量一件重要的事，问他是否愿意走出中国，去负责另一个发展中国家印度。她进一步解释说：“现在的情况是这样，我现在负责亚太地区 14 个国家，真有点忙不过来了。我看你在中国干得非常好，得到了业务部门的充分认可。我觉得你在中国的成功经验也许对另一个发展中国家是很好的借鉴，因此我想给你创造机会走出舒适区，去开拓一个新的国家……”

没有涨薪，没有级别上的晋升，John 欣然接受了上级提出的拓展他的工作职责的建议，立刻投入印度这个充满神秘和诱惑的国度的怀抱。他把在中国深受欢迎的“销售集训班”直接搬到印度，他从印度首都新德里飞到加尔各答，找当地的老师讲授销售的课程。很快 John 就收到了印度的集团总经理写的感谢信，John 非常开心，也很感谢他的经理给他的机会，让他在印度获得更多的成就感。

然而，John 并不知道，Claudia 让他负责印度，只是对他的培养和授权的第一步。2011 年年底，Claudia 选择离开 BO 公司，开始她职业生涯的另一个阶段。走之前她对亚太地区的培训工作重新做了调整，她的工作一分为二：渠道类培训和大客户类培训。她让 John 专门负责渠道类的亚太地区 14 个国家的培训，这时 John 才理解经理的良苦用心，原来一年多前的印度对 John 来说是一个实验田，对 Claudia 来说是一个试金石。

从中国到印度，再从印度到亚太地区，给 John 的激励是什么？John 当时也问自己："我要的是什么？除了可以走出国门多看看，到底给我带来了什么？"当时在 BO 公司工作正好八年，一路顺风顺水。但是，John 在舒适区停留的时间有点长，工作上几乎没有什么挑战，如果不是上级给他新的挑战，他很容易继续留在舒适区里享受那份悠闲和自在。Claudia 的信任让 John 敢去尝试，这份信任给他很大的激励和能量，让他勇敢地走出了中国，去了解印度。其实，John 当时的内心甚至还有一点小小的激动，似乎 Claudia 在 John 的心中点了一把火，让他突然照见了自己为一个完全未知的领域所表现的那种兴奋、好奇和跃跃欲试，一心就想怎样把印度的培训做好，让印度的同事从培训中受益。

如果不是 John 的上级给他机会去负责印度，甚至负责亚太地区 14 个国家的培训，John 从来没有想过他可以做，也不会认为他有能力做。上级 Claudia 逐步的授权给 John 一个过渡和突破，让他走出舒适区。他发现自己的潜力在被挖掘，能力在提升，视野在扩大。他变得自信了，也发现了一个更有能力的自己，成就感和自豪感油然而生。

勇于授权的激励作用

当管理者真正做到勇于授权时，就会发现下属能带来很多的惊喜，其实不只是惊喜，授权的好处是“一箭多雕”。首先，授权可以给下属带来三个激励作用：有机会提升自己，挖掘自己的潜力；有机会“挑大梁”，有成就感；增进了与上级的了解。当授权给下属，让他们去做他们从来没有做过的事时，他们会尽全力来证明自己，不辜负上级的信任，在这个努力的过程中，他们的潜力得到了很好的挖掘，能力得到了提升。

我的客户在完成授权课后作业时与我分享他的收获：“员工积极性很高，让他意识到对自己是非常好的锻炼机会，发现自己的能力有机会展现出来，也发现了自己的巨大潜力，我们之间的沟通比以前更多了。”当下属被授权去做一些管理者的工作时，他们会有一种“挑大梁”的感觉、一种自我掌控感，虽然他们担负所有的责任和风险，但是有荣誉感。

因为要授权，管理者必须与被授权的员工事先有比较充分的沟通，而在授权的过程中也需要适当的沟通，所以授权的另一个好处就是增进了上级与下属的关系，这对那些资深的员工来说是求之不得的。因为大家都知道，刚从初级员工做起时，会比较依赖上级手把手的教导和反馈，而且会有很多不清楚、不会的工作要向上级请示和汇报，这时与经理的沟通比较频繁。

当成长为比较资深的员工时，就会变得比较独立，而上级也会比较放心，这时与上级的沟通频率会呈现递减趋势。一旦成长为资深优秀员工，与上级的沟通会越来越少。但是当上级授权给这些有能力又有意愿的资深优秀员工时，他们**又开始了比较频繁的沟通**。

授权同时也给**管理者自己**带来了两方面的激励：一方面，培养了下属的能力，自己可以有时间考虑更宏观的议题；另一方面，提升了自己的领导力，同时与下属有了更好的连接。德鲁克曾经说，领导的重要职责之一就是培养下属。如果管理者既培养了下属的能力，又有时间考虑更宏观的议题，同时还提升了自己的领导力，与下属有了更好的关系，难道不感到自豪和欣慰吗？管理者在授权的同时也在激励着自己，这就是老子所描述的管理者的最高境界：“太上，不知有之。”

前车之鉴

这个真实的故事发生在 AN 公司，当时我在信息产品集团负责人力资源工作，但凡有辞职的员工，我都需要做一对一的辞职访谈，了解辞职的原因。

在 2003 年，我发现一个销售团队有两名销售人员先后提出辞职，其中有一个还是通过猎头招进来刚半年的资深销售员。访谈后我发现辞职原因基本相同，即员工没有成就感。对这个原因我不是很理解，所以请员工举例说明为什么做销售没有成就感。于是，我听到了以下的故事："我们做大客户销售的最激动人心的事情就是竞标，在'临门一脚时把球射进去'，但是我的经理 Jack 总担心我把'球踢歪了'，结果最关键的'射球动作'基本上都**不是我'踢'的，而是我的经理亲自'踢'的。**"我有点好奇："你经理帮你把'球踢进去了'，业绩不是也算你的吗？""那倒是，可是我自己没有体验到'临门一脚踢进球的'快感，那本来是我**自己**可以取得的**成绩**呀！"

"临门一脚踢球"是谁的工作？是销售员的工作，那么销售经理 Jack 在做谁的工作呢？他不仅没有做好自己的管理工作，而且还抢了下属的工作来做，大概相同的情况我想不少管理者也经历过吧？原因还是前边说的转型没有完成，放不下以前自己做优秀员工的工作，结果剥夺了下属获得成就感的机会，同时也失去了优秀下属，这是管理者的严重失职。

这个前车之鉴的故事让我想起两年前一个学员搭建的乐高授权模型（见图 4.3），两个小人并排站在一个长方形工作台前，台面上的小块积木是经理授权给下属的具体工作，左图中的深色小人是经理，浅色是员工，在右图他俩的背影中可以明显看到深色小人的一只手稍微抬起，正好能碰到旁边浅色小人（员工）的后背。学员讲解说，浅色小人是我的下属，深色的是我，我的手紧挨着我下属的腰部，表示我随时给他支持和指导，如果需要我也可以直接冲上去，与他一起完成这个工作。如果没有学员的讲解，我很难判断这两个小人谁是被授权的员工，谁是管理者，因为他们**两人完全并排**站在工作任务前。

图 4.3　学员搭建的授权模型：不知谁是经理谁是员工

适用群体

在四种不同的个性特征中，哪种人更喜欢被授权呢？个性特征中“老虎”类型的人更喜欢被授权，因为他们相对而言更自信，更希望自我掌控，更喜欢挑战，所以如果他们的上级给他们授权，他们会受到非常大的激励。在被授权的过程中，他们也可以充分地感受到自我激励。除此之外，围巾保护层中“自主性”要求高的员工、职业锚中“创业型”、“挑战型”和“自主/独立型”员工、贝尔宾团队角色中的“鞭策者”也会非常希望被授权，他们会在被授权的过程中享受更多的成就感，会更开心，受到的激励也会更大。

如何使用

授权可以给管理者自己和下属带来很多的激励，以下为授权的流程与方法。

授权的流程大概可以分成三个部分，第一部分，授权沟通前的思想准备工作；第二部分，授权沟通；第三部分，授权沟通后的行动。

先来介绍授权沟通前的思想准备工作，这需要管理者自己想明白两件事：①为授权的工作确立一个清晰的目标，最好符合 SMART 原则，能够描述你希望下属达成什么样的结果；②选择合适的被授权人，评估他成功完成此项任务的能力和意愿，列出能够给他带来的好处。

做好第一部分的准备工作后，管理者与被授权人就可以安排时间做一对一授权沟通了。第二部分的授权沟通可以细分成以下具体的五个步骤。

第一步，首先管理者介绍授权任务的背景，包括目标、时间和为什么需要授权。

第二步，介绍为什么选择这个被授权人，以及这个授权给员工带来的好处。

第三步，介绍授权任务，询问员工是否把授权目标理解清楚了，还需要了解什么内容；通过沟通来澄清一些疑问以确保双方的理解基本相同；讨论如何做的细节，包括流程、资源、权限、需要的支持、关键联系人、如何衡量、时间节点等。如果说第一步和第二步都是以管理者说话为主的，那么从第三步开始就是**管理者和被授权员工之间的双向交流**。

第四步，请员工复述授权谈话中的关键点，如目标和期望等，目的是确保员工能够准确地、全面地理解了授权的工作。如果没有完全理解，还可以进一步澄清。最终目的是尽可能创造条件，**让员工成功完成授权工作**，同时也让管理者放心。

第五步，确定下一次开会的时间。授权不是沟通一次就完事了，它是一个边沟通、边做、边检查的过程。确定下次沟通的时间就是让第一次启动的授权会议具有持续性，保证授权有质量的落地。借用乐高积木模型来展示授权状态可以更清楚易懂，所以，推荐的授权方式如图 4.4 所示。

图 4.4　推荐的授权方式：让员工（带帽子）“掌舵”

在图 4.4 中，左侧戴帽子的小人代表被授权的员工，他面前有个类似方向盘的积木，表示授权后这个工作由**员工来掌舵**。他面前远处有个插着小旗子的目标，为了完成目标，他有多种资源：梯子、桥梁、飞机，而且他能看到可以做或不可以做的红绿信号灯和工作的进展。中间靠后戴眼镜的女士是管理者，他们之间有一定的距离，管理者是支持和陪伴的角色。

最后是第三部分，授权沟通后的行动。这部分是专门针对管理者的：①把授权沟通的主要内容以备忘录或邮件的形式记录下来，告知相关人；②给员工腾出空间来，充分相信他，让他大显身手，挖掘潜力，证明自己，承担责任；③当授权完成后，与员工坐下来认真做总结，做一对一沟通，给予及时的反馈、鼓励和建议，一定要包括对双方的感谢。

小 结	**勇于授权可以给管理者和员工都带来颇多的收益。它的初心是相信有能力、有意愿的员工能够承担更多的责任，同时提升自己的能力，而管理者可以有时间思考更宏观的议题，提升自己的领导力。要做到有效授权，首先需要管理者完成从专家到管理者的转型，让自己可以花更多的时间辅导下属，提升下属的能力，授权是帮助完成这个转型的试金石。如果按照授权的流程认真地一步一步走过来，则可以做到没有现金照样激励员工和自己，因为管理者和员工都愿意追求卓越。*Love'em or Lose' em'*的作者贝弗莉·凯和莎朗·乔丹-埃文斯总结得非常精辟，当管理者做到勇于授权时，管理者就真的可以做到“躲开聚光灯，让员工成为英雄并获得掌声”。**

勇于授权的检查清单

为了帮助管理者有效地使用非现金激励的第二招，以下用教练式辅导的方式提出了六个方面的问题。你可以通过回答这些问题，反思自己是否做到了勇于授权。

1．你为什么要授权？通过授权你希望对自己的领导力有什么提升？如何衡量？

2．你为什么选择授权给他？他的能力和意愿怎么样？你真的相信他吗？你想培养他的什么能力？通过授权给他带来的好处是什么？

3．你在授权之前与员工有一对一的、充分的、双向的沟通吗？你对员工设定了怎样的期望值？它明确吗？

4．在授权的过程中，如果员工频繁地打电话请示汇报，这说明了什么？你会如何与他沟通以保障有效的授权真正落地？

5．授权任务完成以后，你会如何与员工沟通？关键点是什么？

6．通过授权，你的收获是什么？哪些地方做得很好？哪些地方可以改进？

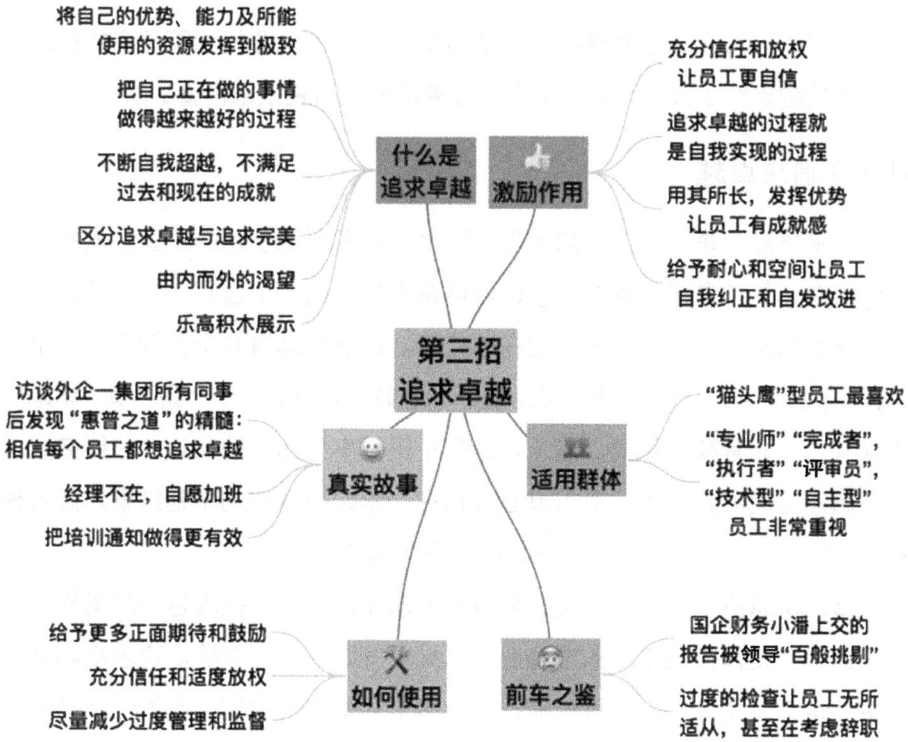
第三招
追求卓越
什么是
追求卓越
将自己的优势、能力及所能
使用的资源发挥到极致
把自己正在做的事情
做得越来越好的过程
不断自我超越，不满足
过去和现在的成就
区分追求卓越与追求完美
由内而外的渴望
乐高积木展示
激励作用
充分信任和放权
让员工更自信
追求卓越的过程就
是自我实现的过程
用其所长，发挥优势
让员工有成就感
给予耐心和空间让员工
自我纠正和自发改进
真实故事
访谈外企一集团所有同事
后发现“惠普之道”的精髓：
相信每个员工都想追求卓越
经理不在，自愿加班
把培训通知做得更有效
适用群体
“猫头鹰”型员工最喜欢
“专业师”“完成者”，
“执行者”“评审员”，
“技术型”“自主型”
员工非常重视
如何使用
给予更多正面期待和鼓励
充分信任和适度放权
尽量减少过度管理和监督
前车之鉴
国企财务小潘上交的
报告被领导“百般挑剔”
过度的检查让员工无所
适从，甚至在考虑辞职

第三招　追求卓越

前面已经介绍了**取得成就层面**上的非现金激励的第一招清晰职责和第二招勇于授权，以下来介绍取得成就层面上的最后一招，也是最能直接带来成果的一招：追求卓越。追求卓越是管理者最容易使用，也是可以瞬间发挥效果的一招，因为它源于**管理者的一个信念**，这个信念会指导管理者的行动。追求卓越是无价之宝，因为它带来的成果是无法用金钱来衡量的。

什么是追求卓越

追求卓越，是指将自身的优势、能力，以及所能使用的资源，发挥到极致的状态，是把自己正在做的事情做得越来越好的一个过程，它要求人们不断地自我超越，不满足过去和现在的成绩。追求卓越有两个关键点：一个是动词“追求”，它是一个不断探索、提升和超越的过程；另一个是名词“卓越”，要求有一个非常棒的结果。追求卓越是指根据事先达成的共识，最终完成，或者超额完成所定目标。追求卓越也指在一个阶段达成的卓越结果，因为根据时间的推移、经验的积累，人们都会有更高的目标。

追求卓越不同于追求完美，后者是追求无瑕疵的、很难达到的境界。如果把追求完美作为员工个人或企业的目标，有时会误入歧途。追求卓越不是把每件事都做得完美、无可挑剔，因为每个人对完美的定义不同，标准也会不同。追求卓越不是在任何场合都争当第一，不是让周围的人 100%满意，因为只要是人，都会犯错误。更何况也没有必要处处争第一，也不可能让周围的人 100%满意。

马歇尔总结得好：“你不可能，也没有必要做到事事完美。”他甚至把“这个世界根本没有理想的行为模式”提炼为管理者需要特别关注的法则。追求完美需要花费大量的时间和精力，这对个人和企业来说有时可能是没有必要的，因为它会影响上下游，或左右合作部门的同事的工作效率。追求完美是绝对的，而追求卓越是相对的。

德鲁克在介绍领导力时非常喜欢讲以下这个故事。有人问三个石匠他们正在干什么。第一个石匠回答：“我在混口饭吃。”第二个回答：“我在做全国最好的石匠活儿。”第三个仰天长望，目光炯炯有神地说：“我在建造大教堂。”德鲁克问“哪个石匠是真正的管理者？”估计大家都会选对，只有最后一个是真正意义上的管理者。为什么第二个石匠不是真正意义上的管理者？因为在他追求做全国最好的石匠活儿时，他的关注点不是大教堂的大目标，而是他所建造的每一个局部是否做得最好，这是一个无止境的追求完美的过程。为此，将无法估计这个石匠要花多少时间、多少资源、多少努力来完成目标。因此，**追求卓越，不是追求完美。**

如图 4.5 所示，从左到右是一个不断追求卓越的过程，最右侧的图与所定目标的设计蓝图完全一致。如果在设计和功能上，对颜色没有要求全白色，而且没有要求必须是一块板材，那么如图 4.6 所示的左侧和中间的乐高积木模型也是可以达标的，而且是卓越的。但是图 4.6 中最右边的乐高积木模型就不是卓越的，因为四边的地基中有一排不是实心的，而且比其他边要宽。

图 4.5　一个不断追求卓越的过程

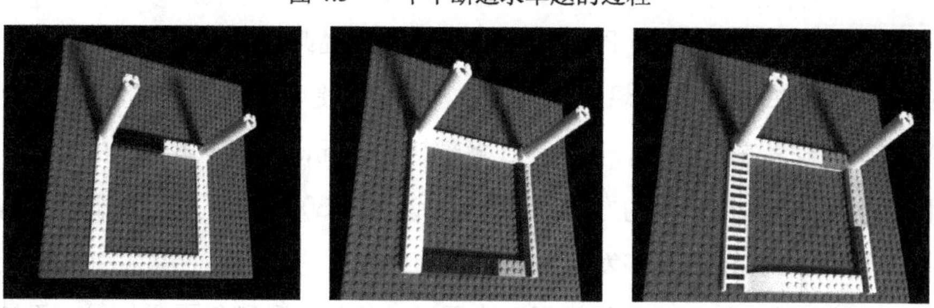

图 4.6　追求卓越的不同版本对比

非现金激励——如何更好激励你的下属

追求卓越是**由内而外的过程**，是发自内心的一个信念带来的追求。因为看到了工作的意义；因为知道解决挑战给部门，乃至公司带来的价值；因为自己的价值观与公司的价值观相符；因为充分意识到完成这个工作给自己带来的成就感和自我实现，并且感觉到了自己的学习和成长；因为一份热爱，所以心甘情愿地为之努力和奋斗，直到完成卓越的目标。追求卓越与自我激励中**精通的概念完全吻合**，它是一种心理定向，是由内而外产生的欲望和追求，不用外界、管理者提出要求；它是每一位员工内心都可以有的追求。正如詹姆斯·库泽斯和巴里·波斯纳在他们的《领导力》一书中所说的那样："战胜工作中的挑战的动力来自人自身，而不是因为有人像拿胡萝卜哄兔子那样用物质来鼓励你。"

追求卓越并不难理解，但是把追求卓越当作一个信念，**相信自己在工作上是追求卓越的，同时也相信自己周围的每一位下属也是想追求卓越的**，这可不是很多人都相信或接受的信念。为什么会有这些差距呢？绝大多数管理者都是因为追求卓越、业绩突出，才被晋升到管理的职位的，那么从他们管理者的角度看他们的下属，下属的业绩通常不会像他们那样卓越，这是可以理解的。然而，请不要忘记：几乎所有的管理者都是从员工开始逐步成长起来的。

真实故事

我加入 AN 公司后，发现了大家经常提到 *The HP Way*（《惠普之道：美国合伙人的创业思维》），我好奇地读了这本书，发现两位创始人比尔（Bill Hewlett）和戴维（David Packard）有一句非常经典的话概括了惠普之道的精髓："相信每位员工都想做好工作，只要我们提供了合适的环境。"我在 AN 公司工作的前三个月，因为不了解部门的情况，更不了解部门的成员，我就采用了一种比较笨的方法：约每个人谈 20～30 分钟，了解他们的工作，收集个人和部门的培训和发展需求。

一路"采访"下来我认识了每个同事，但是让我印象更深的是，无论是集团总经理，还是部门总监或经理；无论是正式员工，还是外聘员工；无论是有 20 年工龄的资深经理，还是大学刚毕业进入 AN 公司的新员工，他们都非常积极主动，工作很投入，同时非常开心。我不由好奇地问他们："是什么让你们这么投入？"我非常惊奇地发现，大多数人的回答是一致的，虽然每个人的表达方式略有不同："这是一家以人为本的公司，它相信只要提供了合适的环境，每位员工都想做好工作，所以我们愿意全力以赴。"

在"惠普之道"的影响下，大家自觉自愿地做贡献。我清楚地记得有一天晚上大约 7:00，我正在加班，经理 Eric 走过来问我为什么还不回家。我说想把培训通知发出去再走（1997 年我们都是用台式电脑）。他就过来跟我分享他在决定加班前的思考：如果一小时以内可以做完的事情，就继续加班做完，否则就回家休息，明天再做。

分享之后，他就离开了办公室。我环顾四周，发现有些经理和员工在一起加班，但是，经理不在，员工自己加班的也很多。他们在忙什么我不知道。我至今都记得，那天我又在办公室工作了一个多小时。因为虽然培训通知已经写好了，但是考虑前几次发出的通知效果不太好——有些销售人员的英文不够好，看不懂课前作业的要求，影响了上课的质量，所以我决定这次的培训通知和课前作业都用双语来写，保证所有参加培训的销售人员清楚了解并能完成课前作业，同时我需要用他们容易理解的语言来写，这就需要稍微多花一点时间……

因为有了这样的信念，相信每个员工都想追求卓越，无论是经理还是员工，大家都非常自觉、自愿，想把自己的工作做得越来越好，希望给团队带来价值。在这样的环境里工作，不需要他人的监督和检查，也不计较个人得失。我的经理 Eric 的信任更促使我要把工作做得更好，因为我不想辜负他的期望。完成任务已经不是问题，怎样把任务完成得更好，怎样更有效地达到目的，怎样越做越好才是我最关心的，自己内心追求卓越的愿望是最好的督促和动力。

追求卓越的激励作用

我来做两种假设：第一种，如果管理者**相信**员工都想追求卓越，他会做什么？员工会有什么感受？第二种，如果管理者**不相信**员工会追求卓越，他又会做什么？员工又会有怎样的体验？可以发现这两个不同的信念会带来两个截然不同的行为和结果。

如果相信员工愿意追求卓越，管理者就会给予员工更多的信任、正面的期待和引导，赋予员工更多的机会和权利，让他们去成就自己；管理者就会有更多的放权，给员工分配更多有意义的事情，并且让他们按照自己的方式去做，相信他们能够按质量要求和时间节点高效完成任务。员工此时感觉到被尊重、被信任、被赋能，他们对自己更有信心，更愿意付出和做贡献。

相信员工愿意追求卓越，管理者还会愿意花时间了解员工的优势，用人所长：有人擅长沟通、有人擅长分析、有人擅长动手解决问题，还有人擅长做前瞻性思考。管理者深知要把好刀用在刀刃上。因为管理者了解员工的优势和擅长做的事，让员工做自己最擅长的事，员工感觉到自己的价值被认可，如同遇到了伯乐和贵人，他们的内心是愉悦的。

因为员工可以做自己擅长的事，他们做事的效率会比较高，更容易在工作中获得成就感。我国唐朝皇帝唐太宗李世民认为：君子用人如器，各取所长。人之所能不可兼备，弃其所短，取其所长。智者取其谋，愚者取其力。勇者取其威，怯者取其慎。无智、愚、勇、怯，兼而用之。故良匠无弃材，明主无弃士。不以一恶忘其善，勿以小瑕掩其功。所以，德鲁克非常推崇发挥员工的优势，他甚至希望能把他们的优势发挥得淋漓尽致。

相信员工愿意追求卓越，管理者也会有更多耐心，因为追求卓越是渐近的过程。哪怕是熟练工种，一次就把工作做得全部到位都不容易，就更不能要求员工第一次就把工作做得非常棒。如果时间允许，可以给员工多一点时间让他们自己检查、改进，而不是管理者自己做“质检官”去帮助员工检查，或者挑错。管理者要相信员工都想追求卓越，同时也给员工追求卓越的空间和时间。追求卓越的过程本身就是一个自我实现的过程。

如果从一开始就**不相信**员工是想追求卓越的，那么作为管理者，通常会做什么?《信任的速度：一个可以改变一切的力量》(以下简称《信任的速度》)的作者之一史蒂芬·柯维说："缺乏信任可以使经营成本翻倍。"第四招专门讨论信任这个话题。如果不信任，就会有**过多的检查措施**如安排每周会议，就会有过多的跟踪措施如每周甚至每天提交报表或安排电话会议，还会有过多的监控措施如有来自四面八方的人的询问和审核……员工每天忙于应付过于频繁的报表、会议和流程。更重要的是，如果员工经常处于被检查、被审核、被跟踪的状态，他的感觉会怎样?他还会有很多自发自愿的积极主动、由内而外的追求卓越的行动吗?

尼克·考利用神经系统科学的语言来阐述："现今的社会，员工在贡献他们的创意和智慧的过程中，能让他们感觉到被充分信任和授权是积极参与和贡献的关键因素，但如果相反，过度的管理和控制会在人们的大脑神经中带来'威胁'的信号。"人类的天性都是遇到"威胁"会自然远离，而这从一定程度上解释了为什么有时会看到没有积极性的员工，因为他们选择规避"危险"。

前车之鉴

小潘是一家大型国企甲卯公司的资深财务人员，她在上完我的课后专门找我沟通了她的困境。她非常焦虑地征求我的意见，问是否要准备辞职。她介绍情况时神态紧张，时不时四处张望，似乎生怕别人听到我们的谈话。原来小潘每次上交的报表都会被她的上级"百般挑剔"，有时几乎是全盘否定，她总要返工好几次才能得到领导的认可。这种情况自从新领导上任以来已经持续快半年了。最让小潘感到难过，甚至气愤的是，每次领导把她叫到办公室，都会很兴奋地说："我又发现了一个问题……""我想这个报表还可以增加一个纵列……""我看你还是把报告改回原先的第二版本吧……"这让小潘苦不堪言。虽然小潘每次交报表之前都严格地检查过至少三遍，但她的报告几乎没有一次是不需要返工的。

以上这个案例有三点值得探讨。第一，新领导是否给小潘清晰的职责（非现金激励第一招）？如果小潘的报告达到了事先沟通好的目标和衡量标准，那么她的领导对小潘的报告可以有适当的调整建议，而不应该让小潘感觉到被“全盘否定”或“百般挑剔”；如果小潘没有达到衡量标准，那么她的领导需要找小潘做一次关于工作职责的充分沟通，尤其是关于衡量标准的沟通，而不是在小潘每次提交报告之后不断地提出改进建议。

第二，小潘上交的报告不合格的原因是什么？如果是能力问题，那么她的领导需要与她进行沟通，如如何提升能力、提升哪方面的能力等。

第三，小潘的领导是在追求完美，还是在追求卓越？自我觉察能力较高的管理者会经常反省自己，我会不会因为自己太追求完美而过高地要求自己和下属，从而浪费了公司的资源？我会不会因为太追求完美而过于挑剔以至于挫伤了员工的自尊心？案例中的管理者似乎把自己追求完美的乐趣建立在下属的痛苦之上。其实这位领导的“百般挑剔”也剥夺了下属自己想追求卓越的愿望和行动，因为她的自信心已经受到了严重打击，她甚至猜想领导是否给她有“不称职”的暗示，她是否要主动提出辞职。

适用群体

从个性特征角度来看，“猫头鹰”类型的员工更喜欢追求卓越这一招。相对而言，他们这种类型的人比较追求完美，作为他们的管理者，有时甚至要提醒他们，要区分追求卓越与追求完美，并且需要清楚地告诉他们衡量标准。从职业锚的角度来看，“技术/职能型”的人与“自主/独立型”的人也会更喜欢追求卓越这一招，因为他们比较喜欢钻研，而且更关注具体的任务。从贝尔宾团队角色的角度来看，“专业师”、“执行者”、“评审员”和“完成者”更喜欢追求卓越这一招，原因与上面两类比较相同，但“完成者”略有不同，因为这种类型的人倾向于有始有终地把任务完成，但是，在企业或组织里，由于各种原因和变化，不是所有的项目都会画上一个完美的句号。

如何使用

前边已经提到过追求卓越的方法，这里就不再赘述，但以下有三个思路供管理者和员工更好地追求卓越。

第一，**给予更多正面的期待和鼓励**。人与人之间是有感应的，如果管理者相信员工，则员工是能够感受到的，而且他们之间会形成正向的能量场，起到互相支持的作用。当员工知道管理者对他们的期望很高时，他们一定会全力以赴，不辜负管理者的信任和期望。

第二，**充分信任，适度放权**。有时可以发现员工不是不想追求卓越，而是做这项工作的能力和技能不够，那么管理者首先要考虑提升他的能力和技能，可以让资深师傅带他们一段时间，或者让他们参加相关的培训。当他们的能力提升了时，管理者就要放心、放手地让员工去完成他们的任务，相信他们可以用自己的方式完成工作，让他们追求卓越，成就自己。

第三，**有意识地为员工创造“追求卓越”的条件，尽量减少过度管理和监督**。如果你是一名管理者，你知道自己在过度管理吗？在我的教练辅导的很多客户中经常听到的挑战是“怎样激发下属的积极性”。我经常请他们做一个换位思考，如果你是下属，你会给上级什么建议呢？90%的管理者的第一个建议都是“不要太关注细节，相信下属能完成好工作！”这是一个管理者的自我觉察的话题，有觉察的管理者能够有意识地根据员工不同的意愿度和能力来调整自己的管理和监督力度。

小 结

追求卓越是一个重要的管理信念，它源于信任，相信如果管理者提供了良好的环境，那么每位员工都想把工作做得越来越好。有了这份信任，管理者就会有更多的放权，表达更多的正面期待和鼓励，让员工做他们擅长的事，就会愿意花时间了解员工的优势，同时给他们更多的空间和时间自我修正和改进。所有这些努力都是激发员工由内而外的欲望，帮助员工不断突破自己、提升能力，同时创造出优秀的业绩。

追求卓越的检查清单

为了帮助管理者有效地使用非现金激励的第三招，以下用教练式辅导的方式提出了六个方面的问题。你可以通过回答这些问题，反思自己是否做到了追求卓越。

1. 你相信员工愿意追求卓越吗？如果相信，你是怎样让员工知道的？你怎样知道自己没有过度管理和监督？

2. 你怎样区分追求卓越与追求完美？

3. 你为什么要适度放权？你在适度放权方面做得怎样？

4. 你的每位员工都能听到或感觉到你对他的正面期待和鼓励吗？

5. 你的每位员工的优势是什么？他们最擅长做什么？

6. 你在提供给每位员工充足的空间和时间让他们追求卓越方面做得怎样？你怎样知道是“充足的”？

CHAPTER 5

第 5 章

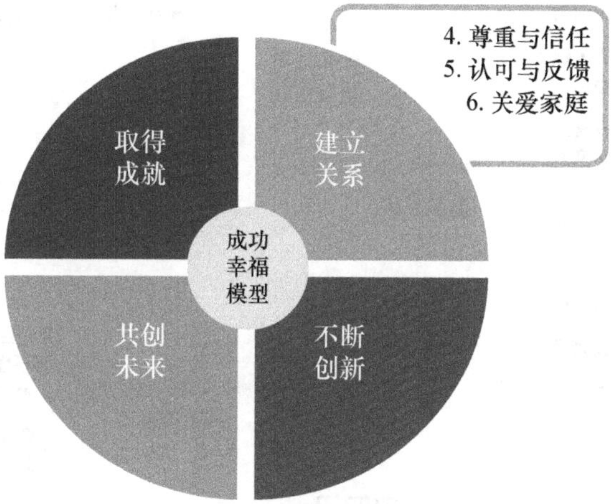

非现金激励的建立关系的三招

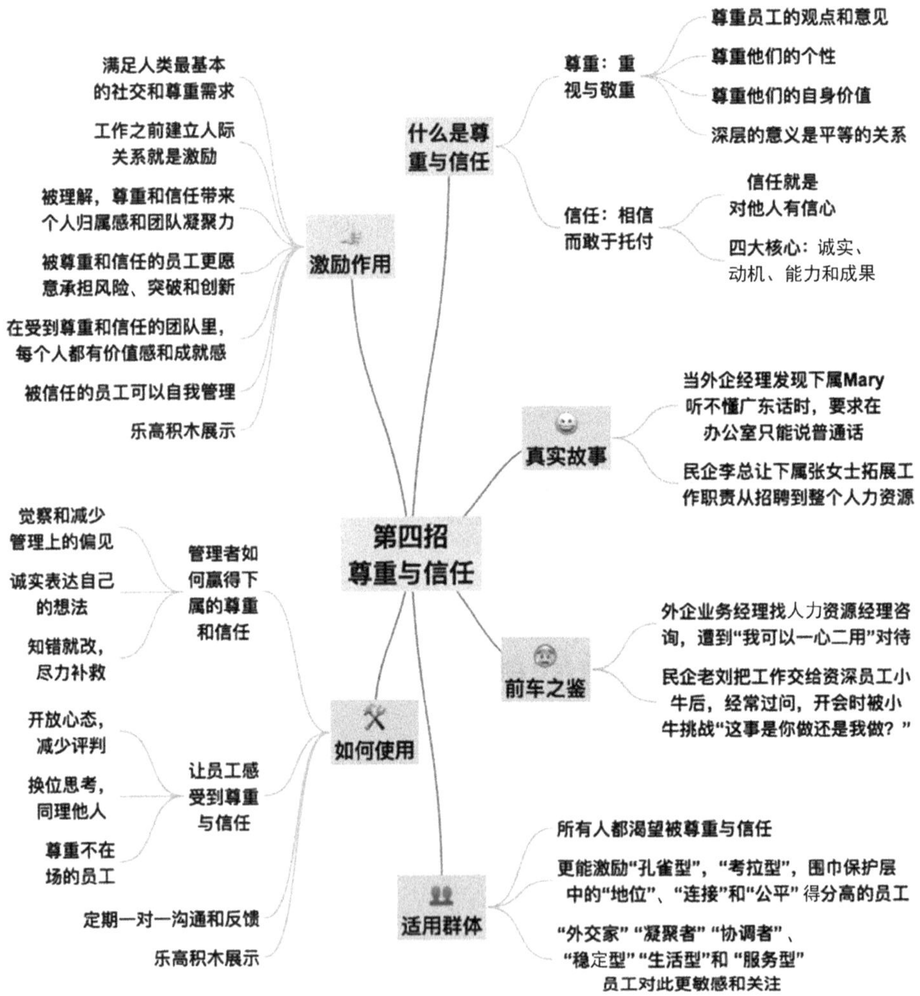
第四招
尊重与信任
什么是尊重与信任
尊重：重视与敬重
尊重员工的观点和意见
尊重他们的个性
尊重他们的自身价值
深层的意义是平等的关系
信任：相信而敢于托付
信任就是对他人有信心
四大核心：诚实、动机、能力和成果
激励作用
满足人类最基本的社交和尊重需求
工作之前建立人际关系就是激励
被理解，尊重和信任带来个人归属感和团队凝聚力
被尊重和信任的员工更愿意承担风险、突破和创新
在受到尊重和信任的团队里，每个人都有价值感和成就感
被信任的员工可以自我管理
乐高积木展示
真实故事
当外企经理发现下属Mary听不懂广东话时，要求在办公室只能说普通话
民企李总让下属张女士拓展工作职责从招聘到整个人力资源
前车之鉴
外企业务经理找人力资源经理咨询，遭到“我可以一心二用”对待
民企老刘把工作交给资深员工小牛后，经常过问，开会时被小牛挑战“这事是你做还是我做？”
如何使用
管理者如何赢得下属的尊重和信任
觉察和减少管理上的偏见
诚实表达自己的想法
知错就改，尽力补救
让员工感受到尊重与信任
开放心态，减少评判
换位思考，同理他人
尊重不在场的员工
定期一对一沟通和反馈
乐高积木展示
适用群体
所有人都渴望被尊重与信任
更能激励“孔雀型”，“考拉型”，围巾保护层中的“地位”、“连接”和“公平”得分高的员工
“外交家”“凝聚者”“协调者”、“稳定型”“生活型”和“服务型”员工对此更敏感和关注

第四招　尊重与信任

非现金激励的前三招更关注**取得成就**，例如，制定清晰的职责，鼓励管理者勇于授权，让员工在完成目标的过程中得到锻炼和成长，相信员工愿意追求卓越成绩。以下的三招，尊重与信任、认可与反馈和关爱家庭，**更关注管理者与员工的关系建立和关系的质量**，因为所有的成就都是靠人来完成的，也就是说依赖管理者与员工的有效互动来完成个人和团队目标。以下介绍如何在**聚焦任务之前和完成目标的整个过程**中都可以使用的三个非现金激励方法：尊重与信任员工，给予他们及时的认可和反馈，关爱他们的家庭。这三招与管理者**如何定位自己高度相关**。有了这三招，可以帮助管理者建立互信和谐的团队气氛，同时高效顺利地完成团队目标。

什么是尊重与信任

尊重这个词无人不知，可以理解为重视与敬重的意思。在一个企业或组织里，需要尊重哪些人呢？自己的上级、下属、同部门和跨部门的同事、公司的客户、上下游的合作伙伴，当然也包括尊重自己。对上级和客户的尊重，几乎所有人能做到；但是对每位下属的尊重，管理者都能做到吗？第四招的重点就是讨论**对下属的尊重**，如果管理者做到了，会产生巨大的激励作用。

正像杰克·韦尔奇所说："尊重人才，培养人才，是通用电气**长久不败**的法宝。"那么如何尊重下属呢？尊重他们的观点和意见，尤其是与管理者不一样的观点和见解；尊重他们独特的个性，尤其是能够站在他们的角度理解他们的特点；尊重他们的自身价值。尊重一词背后的含义是人们在一个组织里无论职位高低，在人格上是平等的。因此，管理者一视同仁、平等对待每一位员工就是尊重的重要表现。独裁专制的管理者给员工发号施令，民主的管理者与员工一起商量工作，公仆型的管理者为员工提供最好的支持，最后一种管理者借用老子对水的描述就是"居善地，心善渊，与善仁，言善信……"。

信任一词与尊重一样，人人皆知，在本书里特意相提并论，意在说明它们有相通的地方，同时又有不同之处。信任比尊重又递进了一层关系，尊重意在重视与敬重他人，而信任意在相信和敢于托付，用史蒂芬·柯维的话说："与其给信任一个复杂的定义，还不如引用通用电气前首席执行官杰克·韦尔奇的话'当你感觉到它的时候，你就知道它是什么了。'"简单地说，信任就是信心，当你信任某人时，你就对他有信心，对他的诚实、能力有信心。当你不信任某人时，你就对他有所怀疑，怀疑他的诚实、计划、能力和经历。

信任是可以感觉到的，它以人的品德和能力为基础。因此，信任不是瞬间可以发生的，它需要时间了解双方的品行和能力。因为信任会引出敢于托付，所以需要评估风险。以下重点讨论管理者与员工的互信关系，互信包括管理者自己怎样赢得下属的信任和信任下属。尊重和信任可以让员工感觉到自身的价值和意义所在，按照丹尼尔·平克的话说："当员工找到了意义和价值时，员工就可以自我激励。"

真实故事

Mary 是一家制造业的外企公司的高级经理，她刚加入 ER 公司只有一周。一天，Mary 与其他三位经理在办公室开会，她发现他们三个人（来自中国香港、新加坡和美国）在用广东话沟通，Mary 完全听不懂，但是还没等 Mary 有任何表示，她的上级 Rock 已经从 Mary 茫然的表情里看出了她的不懂。当他确认 Mary 完全不懂广东话之后，立刻宣布从今以后在办公室里都只能用普通话进行沟通。Mary 当时感觉特别好，有一种被完全包括和接纳的感觉，Mary 深深地感受到了那份**尊重**。

2000 年，张女士在一家重型机械行业的大型民企丙寅公司做招聘经理。她从事这个职位的工作只有一年多。她的上级李总找她谈话，希望她的工作职责有所拓展，要从现在的员工招聘扩展到全面负责人力资源工作。张女士听后立刻说"不行"，原因很简单，从来没有做过。李总很有准备地说："现在做人力资源工作的人，大多数不是**学**出来的，而是在实践中**干**出来的。”张女士冷静一想，觉得很有道理，在李总的信任和鼓励下，张女士勇敢地走出了自己的舒适区，开始挑起了公司近百人的人力资源工作。其实这份**信任**对张女士来说是非常沉重的，为了不辜负上级的信任，她边学边干，找资深人力资源同事做导师，自己看书，向公司外的咨询顾问请教，在三年后被公司评为优秀管理者。回忆往事，张女士深深感谢李总的信任，因为没有他的信任，就没有张女士现在职场上的成就。

上面第一个例子里介绍了**尊重给 Mary 带来的温暖**，让 Mary 在一开始时就被包括进来，让 Mary 与她的上级的关系变得融洽。因为这份尊重，Mary 会加倍努力，希望能匹配那份尊重；因为这份尊重，Mary 有存在感，能感觉到自己的价值；因为这份尊重，Mary 更加敬重她的上级，与一个尊重自己的人合作是非常令人愉悦的。

第二个例子是关于上级给予张女士的**信任**。仔细分析一下可以发现，无论是李总还是张女士自己都要承担一些风险，虽然李总与张女士已经合作了一年，对她有了不少观察，但是毕竟他和张女士以前都不是做人力资源的。李总的高度信任换来了张女士全身心的投入。信任本身就是巨大的赋能与激励，李总的信任挖掘了张女士的潜力，促使她勇敢地接触自己以前不知道的领域，在不断的试错过程中学习。有了李总的信任，虽然张女士没有任何培训经验，但她可以从听课开始学习；有了李总的信任，虽然张女士从来没有计算过销售人员的奖金，但她敢去做。虽然因丙寅公司对工资这样既关键又敏感的工作不允许在小数点后两位出现任何错误，张女士为此不知加过多少班，但她无悔无怨。

尊重与信任的激励作用

人类的需求被马斯洛概括为五个层次，而尊重与信任属于第三层和第四层的需求，它是任何人都渴望的最基本需求：社交的需求和尊重的需求，前者带来同事和朋友关系，让人们有一种归属感，后者希望在有自尊的同时得到他人的尊重；第三层和第四层需求的满足为第五层次的需求满足打下了良好的基础，帮助人们自我实现。

当今社会，越来越多的知识工作者对尊重的需求越来越高，当然不同的人在不同的职业发展阶段对尊重的需求程度会有不同。随着信息社会的发展，企业里的工作分工越来越细，很少有人是无所不通的全才，必须承认人们可能穷尽一生也只对某个或几个领域有真知灼见。但跨行如隔山，对其他领域人们必须依赖该领域的专家提供见解。同样的道理，管理者与员工之间的差别更趋于分工的不同，上级不一定就比下属懂得多。

随着管理者位置的不断提升，他们离第一线的员工越来越远，他们对员工和现场情况的了解会越来越有限，因此，中高级管理者必须依赖下级主管和员工提供全面的信息才能做出正确的决策，从这个意义上讲，上下级的关系更趋于平等。这意味着**尊重和信任下属已成为必需**。图 5.1 所示的管理者与员工的关系就有明显的差距，无论在站位，还是在距离上，都有明显的不平等。

图 5.1　管理者与员工不平等的关系

尊重与信任给管理者和员工带来了三个方面的激励，①被理解、被信任、被尊重的感觉给人带来归属感和团队的凝聚力；②在受到尊重与信任的团队里，有价值感和成就感；③被尊重和信任的员工更有安全感，更愿意承担风险、突破和创新。

虽然尊重与信任不像金钱那样看得见、摸得着，但是可以被**感受到**，可以让人心动，就像空气一样环绕在人们周围，让人们感觉到安全、温暖和踏实，如同一双温暖的大手在背后支撑着人们。正像库泽斯所说的："信任如同社交黏合剂，把人们凝聚在一起，缺少了它，人们不能完成任何有意义的工作。"尤其当管理者把各种个性不同、特长不同、背景不同的人才聚到一起，通过尊重与信任把大家的心连在一起时，个人有归属感，团队有凝聚力。

如果没有心与心的交流和连接，管理者与员工的关系是松散的、脆弱的，是经不起考验的。最近我有两个客户面临员工流失的挑战，他们都是外企公司的管理者，辞职访谈后发现，员工一年都没有机会与上级沟通过，就连年终评定都是通过邮件发给员工的。真不知道辞职员工的上级是怎样让员工感受到被尊重的，也难怪员工一旦发现有更好的机会，就会立刻辞职，抛弃原来的公司和他的上级。

在受到尊重与信任的团队里，每人都有存在感和价值感。史蒂芬·柯维说得好："没有什么比给予**信任**更能激励他人，人们一旦得到了这种激励，就不需要**被管理或被指导，他们可以自己管理自己。**"的确是这样，前边真实故事中的张女士的上级，他的尊重与信任让张女士找到了自己的存在感和价值，她会更自觉地、自发自愿地做很多事，在这个过程中自然而然地获得更多的成就感，变得更自信，也更愿意表达自己的想法和建议，因为她知道她的看法会受到尊重。

被尊重与信任的员工有更强的安全感，更愿意承担风险、突破和创新。当员工感觉到自己被尊重与信任时，会有一种非常安全和踏实的感受，这种感受会转化为工作的动力，使员工更积极主动、敢于担当，不用小心翼翼地堤防任何人，不用担心自己会被怀疑或无理挑剔，更多关注于把任务完成得更好。同时，员工也会有更多的大胆尝试，愿意承担更多的责任，甚至风险。在这样的工作状态下工作效率会更高。

有些管理者会说我的下属能力不行，所以不值得信任，这是完全可以理解的。信任不是单方面想信任就可以信任的，需要对方过去的行为或业绩证明是值得信任的，人们才会去相信。史蒂芬·柯维总结信任的四大核心：诚实、动机、能力和成果，也就是说人们需要了解对方是否有诚实的品格、利他的动机、能力的证明和过去的成功经历。哪怕过去曾经有很长时间的互信，但最近有一次破坏信任的行为，过去的互信关系都会受到严重影响，因为信任靠长时间建立，但可以毁于一旦。

前车之鉴

我在AN公司工作时，曾经处理了一位业务经理Kevin的投诉。原来Kevin有事找人力资源部门的Jenny咨询，他走到她的座位前，Jenny正在电脑前工作，她抬头看了一眼Kevin，然后目光又回到电脑屏幕上，同时问了一句："有事吗？""我有点事想向你咨询一下。"Kevin立刻回答。之后就是长达将近20秒的沉默，Jenny在电脑上飞快地打字，用Kevin的话说："她完全忽略我站在那里。"Kevin见此状就主动说："如果你现在忙，我就过一会儿再来找你……""不用，你说吧。"Jenny打断Kevin的话，但是眼睛始终没有离开电脑屏幕。发现Kevin没有说话，Jenny边打字边补充了一句："你说吧，我可以一心二用的……"Kevin告诉我他听到这句话后，转身就走了。

老刘是汽车行业一家私企戊辰公司的中层管理者，2016年他给我分享了一个让他非常尴尬，但真正让他成长的经历。老刘做经理已经有六年了，交给下属工作后总有些不放心，时常去问长问短，而且还问他们用什么方法来完成任务，无论下属是新人还是资深专家。他的这种做法对新员工是有帮助的，但是对资深员工的不放心就引发了以下的挑战。三个月前老刘招了一位资深员工小牛，老刘把任务交给他后还是**习惯性**地经常过问。

有一天开会，小牛在老刘的不断过问下急了，瞪圆眼睛问老刘说："这活儿是你干还是我干？"老刘忙回应："当然是你呀！"小牛愤怒地站了起来说："那你**相信**我能完成吗？"……老刘后来告诉我，虽然当时让他"很没有面子"，但后来认真反思，幸亏有个新来乍到的小牛，否则周围的人都很照顾他的面子，他不会猛醒过来，**是自己的焦虑和担心让他不能真正信任下属，更不能真正放手把工作交给下属**，结果自己众事缠身，下属也不满意，整体工作效率低下。他总结说自己做了六年糟糕的管理者。

前一个案例中的Jenny自认为一心可以二用，让业务经理非常气愤，尊重不仅是**说出来的，更重要的是做出来的**，没有目光交流是无法让双方感受到尊重的。

老刘不信任下属的故事是有一定代表性的，表面上是信任的问题，实际上是老刘的自我觉察问题。管理者的自我觉察和自我管理是每位经理的必修课，但是很少有人真正完成了必修课之后才做经理，结果晋升到经理后，一大堆的事摆在面前，“胡子眉毛一把抓”，久而久之，习惯成自然。小牛的质问给老刘提供了一个反馈（在第五招详细介绍反馈），让他认真反思，自己的个性特征带来的管理上的偏好和偏见，给资深员工造成了不被信任的感觉。从小牛的表现看很像“老虎”类型，或者“自主性”要求极高的员工，他很看重自我掌控，如果老刘不及时调整自己的管理方式，未来不仅会有更多的尴尬局面，还有可能失去这个“有点没礼貌的”人才。

适用群体

所有的人都需要尊重与信任，只是每个人对尊重与信任的需求程度会有所不同，而且这个需求也会随着管理者与员工关系的发展、职业的成长、年龄的增长有不同程度的变化。相对而言，DISC 个性特征中的“考拉”和“孔雀”类型的员工，围巾保护层中在“地位”、“连接”和“公平”方面得高分的员工，贝尔宾团队角色中的“外交家”、“凝聚者”和“协调者”，还有职业锚中的“安全/稳定型”、“生活型”和“服务型”员工，他们会对尊重与信任更加敏感，也会更看重尊重与信任。

如何使用

尊重与信任是相互的，管理者需要尊重和信任员工，员工也要尊重和信任管理者，**那么管理者怎样让自己值得被尊重与信任呢**？我深知这样问会让一些管理者有一些不理解。管理者之所以可以成为管理者一定有他的品德和能力作支撑，但是在多数情况下是由上级决定的，也就是说他赢得了上级的尊重与信任，但不能**想当然地推断他也赢得了下属的尊重与信任**，他需要花时间和精力去**赢得**。美国航空公司原 CEO 杰拉德·阿沛说得好：“建立个人或职业信任的唯一途径就是使你自己变得值得信任。”以下先介绍管理者自己要提升的三个方面，它们可以让管理者值得信赖；之后再介绍管理者如何做到尊重与信任员工。

第一，认识并尽量减少自己在管理上的偏见。做到这一点需要**先觉察自己在管理上有哪些偏见**。举个例子，因为我擅长分析数据和细节，所以下属给我的报告，不管有没有必要，都必须保留小数点后两位，否则就会认为报告不合格，而且认为交报告的员工不够认真。这个例子体现了管理者自己的偏好，它可能让有些员工无所适从，甚至莫名其妙地产生自卑感，也许还会造成时间和精力的浪费，打击员工的**自尊心**。

沃尔玛原 CEO 萨姆·沃尔顿说：“一些杰出的领导人不厌其烦地增强员工的自尊心，如果员工相信自己，那么他们取得的成就将是惊人的。”只有当管理者了解自己在管理上的偏见和偏好时，他才可以更好地管理自己的偏见，同时更敏感地觉察员工的个性特征，前车之鉴中的老刘的尴尬局面才可以减少，更重要的是可以恰到好处地激励和保留优秀人才。

第二，直率交流，诚实表达自己的想法。讲实话是赢得尊重与信任的基础，没有诚实、真实，就谈不上值得信赖，因此作为管理者，诚实地表达自己的想法，让别人看到事实真相，是非常重要的。老子说得好：“昔之得一者：天得一以清，地得一以宁，神得一以灵，谷得一以盈，万物得一以生，侯王得一以为天下贞。”当然，管理者也要随时提醒自己注意盲点和偏见，提升自己的修养。经常掩盖自己的真实想法和立场的管理者，在员工眼里是没有透明度的。管理者更不能说谎或暗箱操作，员工信赖说实话的经理。真实、坦诚的主管和诡异、难以捉摸的主管如图 5.2 所示。在图 5.2 中，**左**边的小人双手都在桌上，给人坦诚和通透的感觉，没有桌下的不知道的内幕。在图 5.2 的**右**边，一个“诡异”的人背对着自己的团队，在有很多遮掩的“屏风”后边，手里还有一些“诡异”的工具，地上还有两个盖着的箱子，给人一种想隐藏、不可捉摸的感觉。

图 5.2　真实、坦诚的主管（左）和诡异、难以捉摸的主管（右）

第三，知错就改，尽力补救，虽然人们都想追求完美，但是世界上没有完美的人，人们都会犯错误。请管理者回忆自己做员工的时候，是否犯过各种各样的错误？犯错时上级是怎样对待你的？现在你做到管理的位置上了，开启了新的管理征程，你一定，也必然经历一个试错的过程。但是你此时的“面子”似乎变得很重要，有些经受不起“我错了”的考验。英国有句谚语把这种情况描述得惟妙惟肖：“每个人都会犯错误，但承认错误的人很少。”也许正是因为这样，马歇尔把“拒绝为自己的行为承担责任，拒绝承认错误，不承认自己的行为影响了他人”列为管理者二十大恶习之一。刚开始做管理的人，更有可能犯更多的错误，人们通过试错来学习和掌握新技能。毛泽东说得好：“因为我们是为人民服务的，所以，我们如果有缺点，就不怕别人批评指出。不管是什么人，谁向我们指出都行。只要你说得对，我们就改正。”毛泽东所说的话其实体现了领导者或管理者的信念，即上级与下属是平等关系。

管理者如何对待员工可以让他们能感受到尊重与信任，有以下三个方法。

第一，开放心态，接纳不同意见，尽量减少评判。不带任何评判地、敞开心扉地、好奇地了解和接纳员工的不同意见。接纳不等于同意。接纳表示一种欢迎的、开放的态度，愿意去了解，愿意去倾听，而且也愿意去学习。同意是经过认真思考要做出决定。当员工有意愿给你提出改进建议或不同意见时，他们希望你能认真倾听和考虑。因此，管理者放下自己过去的判断和评判，以开放的心态和意愿去好奇和接纳，这本身就是对员工的尊重，其实这样做也给自己打开了一扇门。做到这一步的前提条件是**有意识地觉察和提醒自己是否在评判**，是否带着自己的偏好看待他人。

为了得到别人的信任，管理者要走出第一步：先开放自己。这就意味着要向别人公开自己。尼克·考利认为："管理者勇于暴露自己的薄弱环节恰好是建立信任的最有效方法之一。"当管理者公开自己时，有时也会把自己放在了易受攻击的位置，然而这种所谓的"弱"与"强"其实都是相对的，而且是不断变化的，"天下莫柔弱于水，而攻坚强者莫之能胜，其无以易之。"这种脆弱性让管理者更值得信任。管理者与员工的交流可能带来双方想法的改变，经理与员工沟通，不是只有员工需要改变，有时经理也需要改变自己的想法。

第二，能够换位思考，同理他人。管理者会遇到各种各样的员工，他们都有自己独特的背景，80 后、90 后、00 后；学文科、学理工科，或者学艺术的；大城市、小城市或农村来的，海归的；从国企跳到外企，从外企跳到私企，或者自己创过业的；有孩子的，没有孩子的；未婚的，刚怀孕的；单亲家庭、富二代；性格偏孤僻的、个性张扬的、志向远大的，或者踏实肯干的，等等。

各种各样的员工如图 5.3 所示，每块积木都代表一种类型的员工，它们颜色不同、形状各异、姿态有别，所有这些特征都需要管理者适当地站在他们的立场理解他们的感受。如果能做到同理沟通，那就是对员工尊重的典型表现。

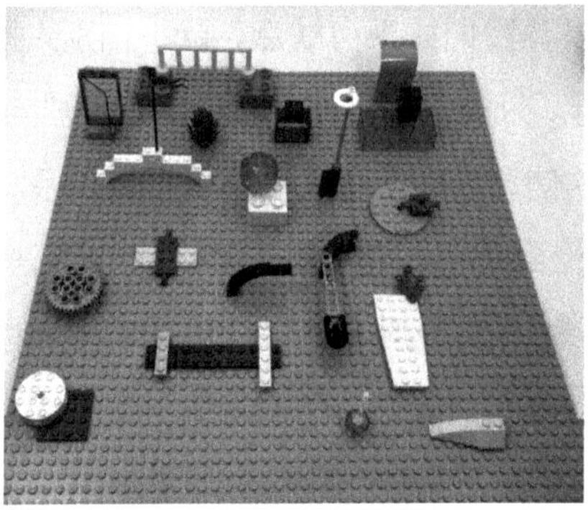

图 5.3　各种各样的员工

第三，尊重不在场的员工。史蒂芬·柯维在他的《高效能人士的七个习惯》中介绍人际情感账户中的一个"存款"行为就是尊重不在场的人。首先，别人不在场的时候也像他在场一样谈论他，不在背后议论别人的缺点；其次，承认员工的贡献、不抢功，只要是员工做的事情，大大方方地归功员工，让员工享受应得的掌声和鲜花。史蒂芬・柯维还提到一点，也非常重要："在别人不在场的时候为他辩护。"设想你是员工，你的上级在以上这三种情况下能做到这些，你会怎样看待他？怎样看待你们之间的关系？我想你一定会有一种温暖的、家的感觉，被尊重、被信任、被很好地呵护，如图 5.4 所示，在关键时刻，你可以与他背靠背、共同抵御外来的威胁。

图 5.4　信任就是在关键时刻可以背靠背

对员工尊重与信任最现实的，又容易操作的方法就是与员工有规律性的、**一对一的、平等的、双向的、真诚的沟通。**种瓜得瓜，种豆得豆，你花多少时间给你的员工，你的员工是有感觉的，如果他们看到、听到、感觉到这份尊重与信任，就会受到激励和鼓舞。

小 结

激励不一定需要钱，激励也没有那么玄，只要管理者能够以平等的身份尊重员工的观点和意见，尊重他们独特的个性，尊重他们的自身价值，同时觉察并有意识地调整自己，尽量减少对员工的评判，开放心态，接纳不同见解，关注并认真倾听他们的想法和建议，就可以激励员工。马歇尔总结得好："你从别人那里得到的东西有 80%取决于你的聆听技能。优秀的倾听者总会把倾听看成一种非常积极的活动。"当管理者了解员工的优势、能力和所擅长的领域时，就可以恰到好处地发挥他们的强项，站在他们的角度去理解他们的立场和看法。如果充分尊重不在场的员工，给予他们应得的荣誉和掌声，并且鼓励员工在试错中学习和成长，你就能调动他们的积极性，激励他们主动、自发自愿地投入工作中并为团队带来绩效。

尊重与信任的检查清单

为了帮助管理者有效地使用非现金激励的第四招，以下用教练式辅导的方式提出了三个方面的问题。你可以通过回答这些问题，反思自己是否做到了尊重与信任。

1．请回忆你的上级曾经给予你的尊重与信任，当时给你带来了怎样的激励作用？有哪些好的经验你可以学习？

2．你是怎样赢得你的下属的尊重与信任的？

（1）你在觉察并尽量减少管理上的偏见方面做得怎样？员工的反馈如何？

（2）你在诚实表达自己的想法方面做得怎样？

（3）你怎样评价自己知错就改方面的表现？为什么？

3．你如何体现你对每一位下属的尊重与信任？

（1）你是怎样开放心态，接纳不同意见的？有什么好的经验可以分享？

（2）你在与员工沟通时是怎样照顾他们的感受，同理他们的？请举个例子。

（3）请分享你在“尊重不在场的员工”方面的好经验。你是怎样做到的？

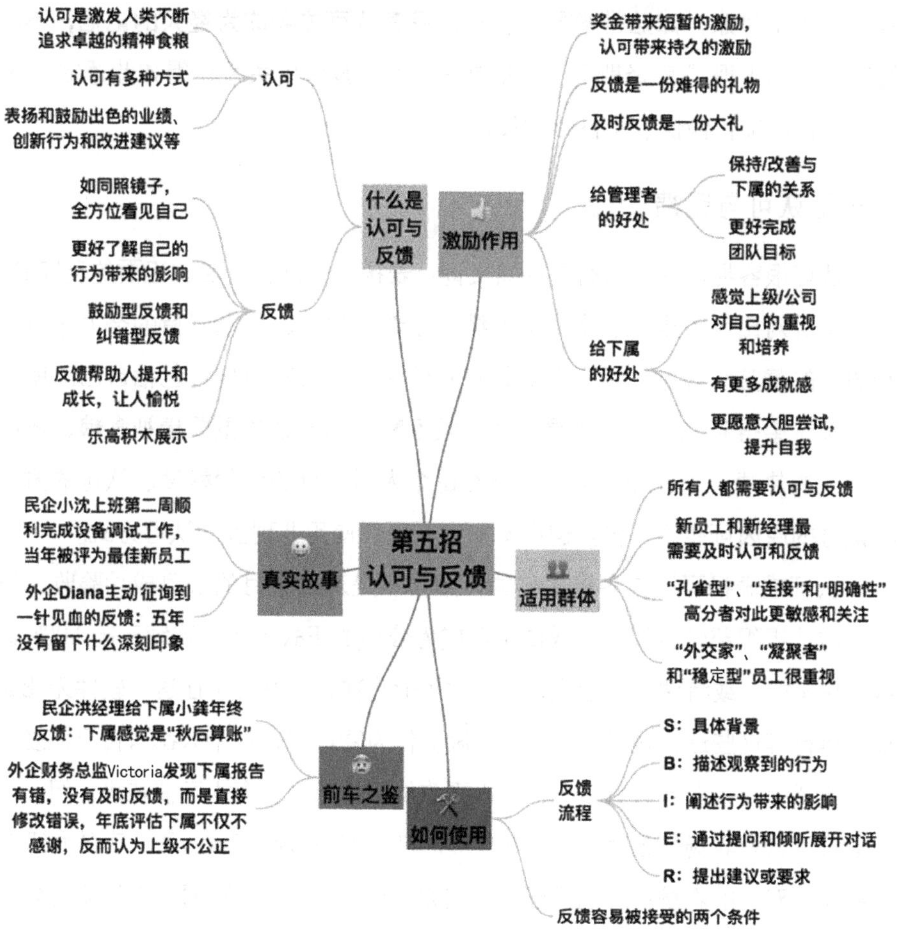
第五招
认可与反馈
什么是
认可与
反馈
认可
认可是激发人类不断
追求卓越的精神食粮
认可有多种方式
表扬和鼓励出色的业绩、
创新行为和改进建议等
反馈
如同照镜子，
全方位看见自己
更好了解自己的
行为带来的影响
鼓励型反馈和
纠错型反馈
反馈帮助人提升和
成长，让人愉悦
乐高积木展示
激励作用
奖金带来短暂的激励，
认可带来持久的激励
反馈是一份难得的礼物
及时反馈是一份大礼
给管理者
的好处
保持/改善与
下属的关系
更好完成
团队目标
给下属
的好处
感觉上级/公司
对自己的重视
和培养
有更多成就感
更愿意大胆尝试，
提升自我
真实故事
民企小沈上班第二周顺
利完成设备调试工作，
当年被评为最佳新员工
外企Diana主动征询到
一针见血的反馈：五年
没有留下什么深刻印象
适用群体
所有人都需要认可与反馈
新员工和新经理最
需要及时认可和反馈
“孔雀型”、“连接”和“明确性”
高分者对此更敏感和关注
“外交家”、“凝聚者”
和“稳定型”员工很重视
前车之鉴
民企洪经理给下属小龚年终
反馈：下属感觉是“秋后算账”
外企财务总监Victoria发现下属报告
有错，没有及时反馈，而是直接
修改错误，年底评估下属不仅不
感谢，反而认为上级不公正
如何使用
反馈
流程
S：具体背景
B：描述观察到的行为
I：阐述行为带来的影响
E：通过提问和倾听展开对话
R：提出建议或要求
反馈容易被接受的两个条件

第五招　认可与反馈

高斯蒂克说得好："认可比其他任何激励行为都有效。调查显示，薪金常被员工用来付账，津贴常被员工淡忘，**只有认可才会成为经久的记忆**，不断提升员工的表现。"库泽斯用一句话就把激励和反馈的关系说得如此透彻："激励是一种反馈，愉快、个性化的反馈。"

什么是认可与反馈

认可很容易理解，它有很多同义词：表扬、鼓励、赞赏、正面的反馈等，主要是针对出色的表现、卓越的业绩、创新的想法、长期坚持的努力等行为和想法的赞赏和鼓励，但大多数是针对他人的，其实也应该包括自己。所有的人都希望得到认可，认可是激发人类不断追求卓越的重要精神食粮，还能激发人的热情、干劲和创造力。虽然每个人对认可的依赖程度、认可的方式和认可的原因可能不一样，但在本书中更提倡使用非现金的认可方式。

认可或表扬可以是多种多样的，如可以是对三个月的项目成功验收、第一次成功组织部门会议、完成试用期成为公司的正式员工、连续三年 100%达成销售指标，或者调试了七八次，失败了七八次，最后终于让这个软件无 Bug 通畅运行等这些进行认可、表扬和鼓励。作为管理者，每个人都有自己偏爱的认可方式，有人喜欢口头表扬，有人喜欢发邮件认可，有人习惯在班、组、部门会议上公开表扬，还有人更爱在年终总结时好好鼓励下属一番。有的管理者更喜欢一对一的表扬；有的管理者喜欢邀请部门的人一起聚餐，在边吃边聊的过程中进行表扬；有的经理喜欢发奖状，而且奖状的类型也越来越丰富，如精致的卡通画等。

我的一位高管朋友，他要求自己每周都找机会表扬一位下属，可以是因为业绩突出，或者因为解决了老大难问题，还可以是主动提出合理化建议，更可以是因为一贯的认真和无私奉献。他表扬的方式也是非常创新的，如握手、拍拍肩膀、拥抱、会心地微笑、点头、鼓掌、竖大拇指，都是他经常使用的“表情包”，而且在他部门的会议上每次都有一个固定的话题：最佳实践分享，发言人都是他平时观察、事先邀请的最佳实践的创造者——他的下属。

我经常把反馈比作一面“镜子”，它让人全方位地、更客观地了解了自己的行为给他人带来的**影响**，有正面的影响，也有负面的影响，因为没有一个人是完美的。正面的反馈就是认可或表扬，这就是为什么我把认可与反馈放在一起来介绍，它们有相同的意思。反馈与认可也有非常不同的地方，那就是关于负面影响的反馈，在管理领域，把它称作纠错型反馈，它提醒对方管理好自己的言行举止，进而调整自己给他人带来的影响。每个人都需要反馈，因为你并不能全面和及时地了解自己的行为给他人带来的影响。

因为你有时看不清自己，每个人都有自己的盲点，所以有时需要借助乔哈里视窗这个“社会反光镜”来帮助你更好地认知自己，这样才可以及时调整自己的行为。没有反馈和有反馈的工作环境，如图 5.5 所示。在没有任何反馈的环境中工作，犹如在一个被隔离和封闭的房间里，让人不寒而栗。而在各种反馈中工作，则有机会照见真实的自己，给人通透感，让人愉悦。

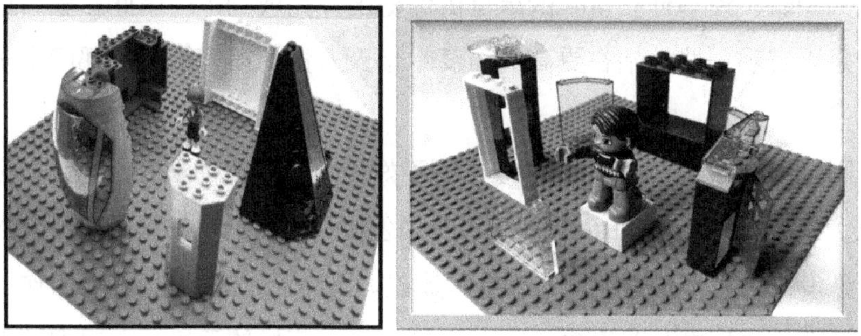

没有反馈的工作环境：犹如被隔离的房间　　　　有反馈的工作环境：通透、开放

图 5.5　没有反馈和有反馈的工作环境

真实故事

2014 年，我的客户小沈，在“领导力”工作坊上分享了十年前他加入这家制造业的民营公司的第一年发生的事。小沈是资深工程师，到庚午公

司第二周就被上级派到用户现场调试机器，到现场他才发现自己并没有足够的知识和技能做调试工作，看到客户对他充满期待，他只好说我来试试吧。经过两天两夜与同事的沟通，以及自己认真研究调试手册，挑灯夜读，几乎没有睡觉，小沈在第三天把机器调试好了，客户非常满意，小沈的上级当然也很高兴。年底小沈被评为当年公司**最佳新员工**，他的照片在庚午公司的接待大厅展览了整整一年。他实在没有想到自己会受到如此隆重的嘉奖，用他自己的话说："不就是调试了一台机器吗！"但是他的上级对他的评价是："上班只有 10 天就能高效工作，排除各种困难，为客户解决实际困难，有牺牲精神、高度的责任心，是以客户为中心的典范。"

Diana 是化工行业一家欧洲公司 FS 公司在华企业的业务部门的人力资源经理。2002 年，她加入这家 FS 公司五年了，有一位平时合作比较多的平级资深经理 Peter 离职，Diana 就主动找他，希望他能给自己一些反馈。Peter 非常直截了当地告诉 Diana："你工作很认真，我在很多场合都看到你忙碌的身影，你非常敬业。但是，我认真想了想，这五年来你没有给我留下什么深刻印象，没有什么重要的事是由你提出并完成的……因此，我给你的建议是更宏观一些，站在更高的角度想想人力资源如何给业务部门带来价值……"

刚听到 Peter 的话，Diana 心里挺不好受的，五年都没有留下什么深刻印象。但是几天之后，Diana 冷静思考后发现 Peter 说得一针见血，入木三分，她发自内心地感激 Peter 给她的建议。因为 FS 公司是 Diana 工作的第一家企业，她以前也没有做过人力资源工作，开始的五年一心想把培训做得热火朝天，但是培训真正给业务部门带来了什么价值，Diana 并没有认真思考过。

在 Peter 建议的启发下，Diana 终于在 2003 年设计，2004 年实施了连续三年的"未来领导者"项目，通过季度培训、导师制度、读书分享、行动学习等方式，为自己所服务的业务部门培养了三个梯队的管理者，在 2006 年获得了 FS 公司人力资源最佳实践奖。如果没有 Peter 三年前的一针见血的真诚反馈和指点，Diana 是不可能取得这个成果的。

小沈的故事其实很简单，他的上级深知小沈的挑战，初来乍到，对公司的产品和客户都不了解，同时他也看到了小沈负责的态度，不轻易放弃的顽强精神和无私的付出，所以当他看到小沈持续的表现时，虽然不到八个月，但毫不吝啬地推荐小沈为公司最佳新员工奖。小沈的上级没有想当然地认为他招聘来的是资深工程师，他就应当有能力，高效解决调试的问题。哪怕是在公司多年的有经验的工程师，如果没有小沈的敬业精神、敢于担当和肯干的态度，对于同样的挑战也会花更长的时间。小沈的上级的及时嘉奖让一个新员工感受到被关注和被认可，这样的激励让他 10 年后仍念念不忘，这也许是他至今还在这家公司就职的主要原因之一。

Diana 在 FS 公司**主动征询来的反馈**，从某种程度上改变了她的职业生涯，一是从完成好自己的工作，到站在**上**一级管理者的角度去思考如何可以更好地帮助业务部门，带来增值服务；二是从被动地听从上级布置工作，到自己主动思考并实施部门的管理梯队的建设。Diana 的积极性增强了，她找到了自己的工作对部门的意义和价值，这不是**别人要她做的事，而是她自己想干的事**。为此她自愿加了多少班，付出了多少辛苦，她从来没有计算过。丹尼尔·平克认为："大量研究表明，人们对自身及其所作所为感觉最好的时候，是他们**自愿**做某些事情的时候。"因为他们可以自我激励。

认可与反馈的激励作用

在我的"非现金激励"工作坊中有一个环节是请所有人在工作坊开始前思考，然后在工作坊上分享他们在职场上受到激励的经历，多数人都会分享他们曾经受到的直接上级的认可和嘉奖。每次我都会好奇地问他们，到底是怎样的嘉奖？80%的人都是因为业绩卓越所获得的奖状、奖金，或者庆典活动。我一般还会深挖一句："你还记得大概是多少钱吗？"一半的人都会告诉我：

“记不清了！”更有趣的是他们后面补充的话：“奖金并不重要，给我印象最深的是我的经理在……场景，对我说的那一番话……”多少钱记不清了，但是经理说的话还在耳边回响，可见认可的作用是多么重要。它能鼓舞人的斗志，给人愉悦的感受，让人感觉到自己有价值，而且这个价值得到了充分的认可。物质激励确实可以带来激励，但它往往是暂时的，因为那是生计层次需求的满足，而人类更需要精神上的存在感和认同感。

记得我的一位客户在小组讨论中分享他的喜悦：“加入这个公司已经有两年了，但是第一次听到领导亲口对我说‘这个项目做得好！超出了我的期望值，我发现你很有潜力！’我当时立刻觉得我之前所有付出如加班、熬夜、辛苦……都值了。”

在图 5.6 的右下角，可以看到一个穿浅色衣服的员工，身后有一个垃圾桶，里面都是旌旗，代表他曾经取得的突出业绩，身后还有各种颜色和形状的小积木代表他取得的其他成就，但是没人告诉他、认可他。团队里的人都是朝向不同方向的，很显然这是一个没有认可的团队，大家都很孤单。

图 5.6 缺少认可的员工和团队

反馈是一份难得的礼物。为什么难得？ 因为它是专门定制给**这个人**的。给予反馈的人愿意把对方的行为带来的影响，无论是正面的还是负面的，都如实地告诉对方。他带着善意，希望给对方提供照镜子的机会，让对方有更多的自我觉察，即使他考虑到给反馈后可能给自己带来风险，因为对方有可能不愿接受有负面影响的反馈，就像我前边分享的 Diana 的例子，她在刚听到 Peter 的反馈时，感觉不太舒服一样。他鼓足勇气给了对方反馈，希望对方能了解自己的行为所带来的影响，之后可以采取行动，调整自己，让对方未来的工作更有效。

为什么说反馈是份礼物呢？因为给予反馈不是每个管理者必须要做的事。管理者是否做、怎样做、频率如何，在多数情况下是没有定性或定量要求的，所以说员工没有期待管理者经常提供反馈。很少有人专门为某个人设计一次沟通机会，所以说有一天，你的经理给你提供了反馈，那是一份难得的礼物；如果你的经理经常给你反馈，那么你很幸运。经常收到礼物的人怎么能不幸运呢？难怪有人说反馈是冠军的“早餐”。

如果说反馈是份难得的礼物，那么**及时反馈就是一份大礼**。及时的反馈可以帮助人们做及时矫正，这样既可以节省时间和精力，又能保证达成预期的目标。

认可与反馈给管理者自己带来两个激励作用，第一，保持和改善与员工的关系；第二，更好地完成团队目标。首先，因为对员工的认可与反馈是建立在对员工关注的基础上的。如果关注员工，管理者会及时发现员工做得好的和需要改进的地方，会随时或规律性地与员工沟通，提供支持、帮助、鼓励和反馈，所以管理者与员工保持经常的互动。如果管理者与员工有什么误解也比较容易及时解决，不会让双方处于不理解或不沟通状态。

其次，在一个经常有认可与反馈的团队里，管理者与员工的关系是融洽的、高效的、相互支持的，这样的团队会有更强的团队合作。认可与反馈会助力完成团队目标，而完成团队目标本身对团队的每位成员都是很好的激励，也会对管理者产生激励。

认可与反馈给员工也带来两个激励作用，第一，员工可以感觉到上级和公司对自己的重视和培养；第二，带给员工更多的成就感。如果管理者经常鼓励和提供及时反馈给员工，员工一定能感觉到管理者对自己的关注，他们之间会产生联系。哪怕是非常能干和独立性很强的员工也希望自己被关注。当管理者不仅是关注，还会适当地鼓励员工，或者提醒员工要敢于迎接挑战，走出舒适区，尝试没有做过的事，或者真诚地提供纠错型的反馈时，员工一定会感受到那份沉甸甸的厚爱和对自己的栽培。管理者通过沟通把自己与员工的心紧紧地连在了一起。

最后，因为有认可与反馈，员工更愿意全力以赴，愿意大胆尝试，愿意不断改进，愿意做得更好，愿意不断成就更好的自己。

前车之鉴

小龚是一家金融行业的民企公司的中层管理者，他给我分享了他在前一家民企辛未公司的第一年年终评估。某天，小龚的领导洪经理把他叫到办公室，胸有成竹地拿出一个文件夹，然后一一历数了小龚在这一年中所做的事情，包括所有细节，记录小龚做的有效的事比较少，更多的是记录了小龚的失误、犯的错误和不太有效的行为，还没等洪经理读完，小龚就感觉脊梁骨冒冷汗，他强忍着等洪经理念完，问了经理一句话："领导，您记录了这么多我的所作所为，**为什么不早点告诉我呢**？"其实他心想："领导，您也太阴了吧！"小龚告诉我他第二天就提出了辞职。"我当时就下定决心，有一天我做了管理者，我一定不能像洪经理那样**'秋后算账'**！"

Victoria 是我做教练所辅导的客户，她是一家软件行业外企 GT 公司的财务总监。我们在第一次教练辅导时她就给我分享了她最希望达成的目标：**让自己不再检查下属的报告**是否有错。因为她从一线财务员工成长起来，深知财务工作对细节要求很高，所以，她要求每位员工上交的报告都必须检查两遍，要保证小数点后两位数据的准确性。当她发现新员工小童第一周的一份报告在个位上有一个错误，在另一份报告中少写了一个零时，因当时很着急交报告，她就自己直接把小童的报告修改好提交了，毕竟自己改错比指导小童改错要省很多时间。

虽然有时与小童开会时也会提醒一句，工作还要再细心点，但是小童的报告还是时而有错。由于各种原因，如太忙了、这是个小错、这是系统产生的报告、小童不知道要做调整、等有时间了再告诉他等，Victoria 都没有及时给小童反馈。因 Victoria 不能接受上交的报告有任何错误，所以检查员工的报告就成了 Victoria 的必要工作，久而久之就变成了她的习惯。以前是修改**员工**的报告，现在每天要花很多时间修改财务**主管**的报告。

更糟糕的是，因为没有给小童及时的反馈，他一直都以为自己的报告做得还不错，直到年底 Victoria 给小童做绩效评估时，告诉他报告有很多错误，小童不仅没有感激 Victoria 经常帮他改错， 反而说她不公平。

如果第一个案例里的洪经理有机会听到小龚给他的反馈，告诉他年终评估给下属留下了“秋后算账”的印象，我想洪经理一定会好好反思，改进自己的管理理念和方法。记录员工的有效或不妥的行为不是**目的**，而**及时提供这些反馈给员工更为重要**，它可以帮助管理者和员工及时反省和矫正。

第二个案例中的财务总监 Victoria 和小童的经历印证了库泽斯的一句话："那些对自己的工作完成情况一无所知的人与那些遭受批评的人一样，在自信方面遭受了重创。人们渴望得到反馈，他们确实想知道自己做得究竟怎样，**明显没有信息与只有负面的信息具有同样的影响。**”如果 Victoria 一开始发现小童的错误时，就及时反馈，然后加以纠正，那么她和小童都可以让工作进入高效的正向循环。

其实我鼓励管理者不仅要给员工及时的反馈，同时最好能**主动向员工征询反馈以改进自己的管理工作。**反馈最好是双向的、互动的，这样可以让双方都受益。

管理者用以身作则的方式启发员工，与其被动地接受反馈，还不如主动地征询反馈，因为当人们主动要反馈时，人们的心扉是敞开的，是愿意接纳的。

提供及时的反馈与第三招追求卓越中提到的给予员工适当的空间和时间来自我纠正恰好可以互相补充，后者相信员工愿意追求卓越，前者帮助员工看到自己的盲点，并及时加以调整和改进。

适用群体

所有的人都渴望得到认可与反馈，都希望自己的价值得到肯定，都希望通过反馈可以全方位地了解自己的行为给他人带来的影响，无论是正面的，还是负面的影响，因为认可与反馈确实可以帮助人们成长，激励人们，鼓励人们，让人们做得更好。

认可与反馈对两类群体意义重大，第一类是新员工和新经理，他们非常需要及时的认可与反馈。如果让我来建议认可与反馈频率，我会建议对新员工是每天，对新经理是每周，因为他们新到公司，或者刚被提升到管理的职位，他们在新职位的知识和技能都有待积累和提高；因为他们是新人，很可能犯错误，更需要得到上级、同事和下属的及时反馈和鼓励。这样他们可以知道自己是否走在正确的道路上，及时的纠偏和及时的鼓励可以节省未来的时间和精力，更可以激励新人更快地提升技能，建立信心，高效工作。当然，如果新员工和新经理能够主动征询上级、同事和下属的反馈，也许是更有效的方法。

第二类是 DISC 个性特征中“孔雀”类型的人和围巾保护层中在“连接”和“明确性”得高分的人，他们对认可与反馈有特殊的偏爱，而认可与反馈也是激励他们这类人的重要源泉之一。他们在认可中感觉到存在的价值；在工作中他们经常需要反馈，无论是激励型，还是纠错型的，这说明在人际方面有互动关系，这对他们至关重要。如果一起工作一段时间，没有任何反馈或反应，他们会有被冷落或打击的感觉。贝尔宾团队角色中的“外交家”“凝聚者”，职业锚中的“安全/稳定型”，也比较重视认可和反馈。

如何使用

认可的方式和方法在前面有很多阐述，这里不再赘述。下面介绍给予反馈的 SBIER 流程，可以让反馈变得简单，容易操作，也比较容易被接受。

反馈的 SBIER 流程是由行为或事件发生的背景（Situation）开始的，描述观察到的具体行为（Behavior），阐述行为带来的影响（Impact），无论是正面的还是负面的，通过提问和倾听与对方展开对话（Engage），最后向对方提出建议或要求（Recommend /Request），可以是对有效行为提出继续保持的建议，也可以是对负面影响的行为要求改变或停止的建设性要求。

反馈要针对可以**改变的具体行为，而不是针对不能改变的个性**，因为江山易改，禀性难移。例如，我给参加培训的学员小王提供反馈："小王，你太内向了，改改吧，要不然你这个经理很难当下去呀！"虽然这个反馈很真诚，也发自善意，但是小王听了一定非常不舒服，因为它没有针对小王可以改变的行为，而是针对他的个性。内向是个性，本身没有好坏，很多成功的管理者是偏内向的个性。另外，这个反馈没有任何建设性，甚至有打击和威胁人的感觉。

如果我把上面的反馈修饰一下："小王，在这两天的培训过程中我一直观察你（背景），偶尔听到你的发言（行为），很有见地，对我们都很有启发意义（影响），我们都想听到你更多的声音（可以改变的行为），你是否可以在培训时适度地多一些表达（建设性建议）？"所谓建设性，就是收到这个反馈后，愿意并有信心做些行为上的调整。

再举个例子，我给我的下属小姜一个反馈："小姜，你好！我们可以到会议室聊聊吗？我注意到最近一周你到办公室的时间（具体的时间和地点作为背景），五天中有三天迟到了 30～40 分钟的时间（看到的具体事实和行为），其中有一天，因为你的晚到，我们的小组会议无法准时开始（带来的影响），我想知道最近发生了什么事（提问以展开对话）？"我需要在与小姜对话之后才能决定最后一步是提出建议还是提出要求。

同样给小姜的反馈，也可以做成另一个版本："小姜，你好！我们可以到会议室聊聊吗？最近有人向我反映，你上班总迟到，今后你能不能不迟到？"我估计这种反馈也许更普遍，因为看上去更简捷，但小姜的感觉会怎样呢？首先这个反馈不够具体，最近可以是本周，可以是本月，而且也没有描述观察到的具体行为，更有趣的是它回避了谁看到小姜迟到了，也许我们都比较顾面子，明明自己看见了，也不好意思说出来，非要推托说有人反映，这样做非常有害，第一，害自己，没有担当，不敢面对冲突；第二，害团队成员，让同事互相猜疑，似乎在鼓励打小报告。

"总迟到"这样笼统的概括非常容易引起抵触心理："我周二就没迟到！"小姜会挑战上级。最后，更重要的是这个反馈忽略了迟到带来的影响和与小姜展开对话，这样小姜不知道他的迟到给他人造成的时间浪费，也没有给他机会解释原因。

如果回到给小姜反馈的第一个版本，我通过提问“我想知道最近发生了什么事？”给予他空间和时间，允许他提供更多的信息，尊重小姜并让他提供一个合理的解释。如果他的回答是：“抱歉我起晚了，闹钟或手机坏了……”这时我就可以提出我的要求（R）：“我们可以讨论一下，下周你怎样做可以保证准时上班。”（有建设性）然而，小姜这周迟到的缘故也许不是管理者可以预料的：“经理，实在不好意思，我还没顾上告诉你，我父亲这周做了一个大手术，我几乎天天下班后都去医院陪护，早上我母亲过来接班后我才能来上班……”听到这里，我除了安慰和理解小姜，能提出的要求可能是问问小姜我可以帮助他做些什么。反馈流程的最后一个 R 可以是给对方提出建议和要求，也可以是管理者自己做出的调整。因此，这个阶段的沟通最好是双向的，尤其在给负面影响的反馈时，最好通过提问来认真倾听，然后继续交流。

反馈在下面两种情况下会比较容易被接受，第一个是反馈接受方的意愿，第二个是主动征询得到的。我非常鼓励对方主动征询反馈，这时，我可以认为他有意愿接受反馈，无论是激励的，还是纠错的，对方的心扉是敞开的，他们之间有问有答，一起互动，这时无论是提供反馈还是接受反馈都会更有效。像 Diana 那样主动征询反馈的人有更多机会自己照镜子，了解自己的优势和盲点，改进自己的工作，随时调整自己给他人带来的影响。

小结

如果管理者经常关注员工，提供及时的反馈与认可，员工就会感受到激励，因为他们的贡献被管理者看见了，他们的敬业精神影响了整个团队，他们在管理者的表扬和反馈中感受到了自己价值，他们的自信心会提升，成就感油然而生。高斯蒂克总结得好：“我们所了解的人类最有效的激励方式，很简单，就是赞美！”的确是这样，“因为一个平凡的人，只要有足够的激励，也同样能达到非凡的目标”。认可与反馈可以让每个平凡的人成就不平凡的自己。

认可与反馈的检查清单

为了帮助管理者有效地使用非现金激励的第五招，以下用教练式辅导的方式提出了六个方面的问题。你可以通过回答这些问题，反思自己是否做到了认可与反馈。

1. 你为什么需要认可员工？为什么需要提供反馈？

2. 你曾经接收的印象最深的反馈是什么？为什么印象如此深刻？你曾经主动征询来的反馈是什么？如果没有，你计划先找谁主动征询反馈？

3. 你怎样知道你给予下属足够的认可了？

4. 你的每一位下属更喜欢怎样的认可方式？他们对你的认可有什么反馈？

5. 你给予下属最有效的反馈是什么？为什么有效？

6. 假如你想分别给你的平级同事和上级一个反馈，你会怎样设计？为什么这样设计？请按照反馈的 SBIER 流程梳理一下。

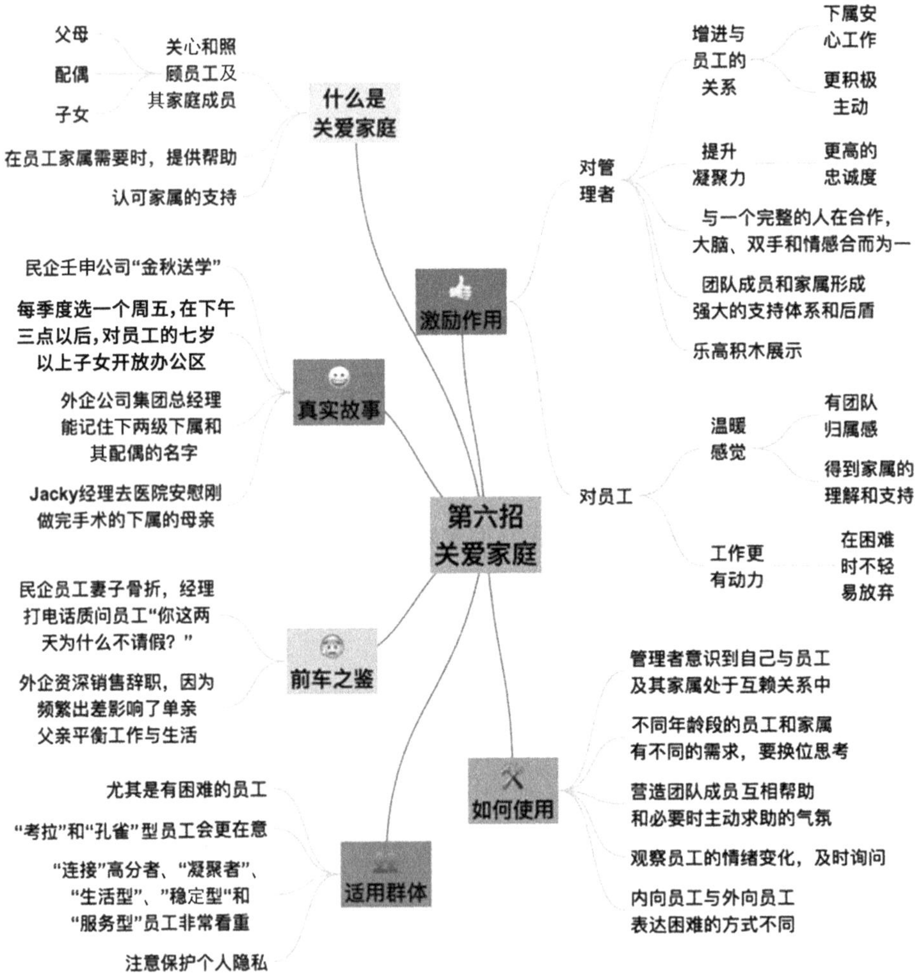
第六招
关爱家庭
什么是
关爱家庭
关心和照
顾员工及
其家庭成员
父母
配偶
子女
在员工家属需要时，提供帮助
认可家属的支持
激励作用
对管
理者
增进与
员工的
关系
下属安
心工作
更积极
主动
提升
凝聚力
更高的
忠诚度
与一个完整的人在合作，
大脑、双手和情感合而为一
团队成员和家属形成
强大的支持体系和后盾
乐高积木展示
对员工
温暖
感觉
有团队
归属感
得到家属的
理解和支持
工作更
有动力
在困难
时不轻
易放弃
真实故事
民企壬申公司“金秋送学”
每季度选一个周五，在下午
三点以后，对员工的七岁
以上子女开放办公区
外企公司集团总经理
能记住下两级下属和
其配偶的名字
Jacky经理去医院安慰刚
做完手术的下属的母亲
前车之鉴
民企员工妻子骨折，经理
打电话质问员工“你这两
天为什么不请假？”
外企资深销售辞职，因为
频繁出差影响了单亲
父亲平衡工作与生活
如何使用
管理者意识到自己与员工
及其家属处于互赖关系中
不同年龄段的员工和家属
有不同的需求，要换位思考
营造团队成员互相帮助
和必要时主动求助的气氛
观察员工的情绪变化，及时询问
内向员工与外向员工
表达困难的方式不同
适用群体
尤其是有困难的员工
“考拉”和“孔雀”型员工会更在意
“连接”高分者、“凝聚者”、
“生活型”、”稳定型“和
“服务型”员工非常看重
注意保护个人隐私

第六招　关爱家庭

第四招尊重与信任和第五招认可与反馈关注的都是**员工本人**，而第六招关爱家庭是**对员工和其家属**的关心和爱护。

什么是关爱家庭

关爱家庭比较容易理解，就是关心和照顾员工家庭成员的需求，认可他们的支持。在本书里的家庭成员包括父母、配偶和孩子，因为他们是员工最关心，也是给予员工最大支持的人群。每个员工都不是孤立存在的，他们周围都有一群支持他们的人，他们是员工的坚强后盾，起着重要的支撑作用。因此，对员工家庭的关心和照顾，其实就是对员工的关心和照顾。管理者如果能够做到关心员工，同时关心背后默默支持员工的家属，可以有效地提升员工的归属感，增进团队的凝聚力，因为家庭是员工的“大后方”，家庭稳定，员工心安。

爱屋及乌的道理在组织里是有普遍意义的，激励具有“传染”作用。我曾经听到一位客户的家属劝说自己的丈夫：“你们公司对咱们那么好，你怎么还想跳槽呀！”因为这位员工和他的妻子一起参加过公司组织的优秀员工授奖活动，与员工的上级一起吃过饭，聊过天。从某种程度上讲，妻子不仅成为这位员工的支持者，同时也是他所在团队和公司的支持者。高斯蒂克说：“员工家人越是了解公司，越是跟公司有联系，他们就会越支持公司。”库泽斯说：“大多数人将‘拥有一个关心他人的老板’看得比获得金钱或福利更加珍贵。”

当员工下班后仍然在办公室里写报告，或者在客户现场赶修设备，或者在旅途中，或者忙到凌晨两三点钟，或者在周末本应休息或陪家人和孩子时还奋战在偏远的山区，或者在炎热的夏天陪客户观光，或者在夜深人静的时候绞尽脑汁改写方案时，如果有员工家庭成员的支持，员工就可以毫无牵挂地奋战，就可以全力以赴。

相反，如果员工在加班时，妻子不断打电话过来，哪怕就是问问“什么时候回家？”这虽然是她们的权利，也会打扰员工的思绪。如果几次连续加班后回到家里的员工，受到“冷”对待，无论是丈夫还是妻子，在未来加班时就会心有余悸。管理者需要清楚地意识到每个员工都不是一个人在上班，如果有机会一定要告诉背后支持员工的家属，感激他们默默无闻的支持。

不仅如此，在这些家属需要帮助的时候，真诚地、慷慨地伸出救援之手，给予他们必要的帮助，就像他们曾经支持你团队的工作一样。例如，在员工孩子生病时，给员工提供请假的方便；在妻子生孩子或父母住院陪护等特殊时期，允许员工不在办公室办公；在家属有重大疾病或意外伤时，去医院看望；当下属生活上有困难时，提供及时的物质或精神上的帮助等。

毛泽东在纪念普通战士张思德时说过：“我们的干部要关心每一个战士，一切革命队伍的人都要互相关心，互相爱护，互相帮助。” 如果说中国共产党依靠这种互相关心，互相爱护，互相帮助的团结精神带领中国走向繁荣昌盛，那么现在企业里管理者与其团队下属也同样可以依靠互相关心、爱护和帮助来团结部门，并且取得很好的工作绩效。

真实故事

乳业民企壬申公司每年都有“金秋送学”的活动，这是一个从公司层面组织的对员工子女上大学的支持活动。每年秋季开学前，公司会事先了解在岗员工子女大学升学的情况，针对有困难的家庭，由工会组织提供假期勤工俭学的机会，以减轻员工的经济负担，让这些刚走向大学的孩子们知道壬申公司是他们的强大后盾，其实他们也是壬申公司的后备军。

每个季度有一个星期五的下午三点以后，除工厂以外的行政办公区，对员工的孩子开放办公区，员工可以把七岁以上的孩子接到办公室来看看工作状态下的父母，了解公司的办公环境，感受公司的人文关怀，同时也让员工的孩子之间建立连接，让宽松、以人为本的公司文化不知不觉地播种在孩子幼小的心灵中。

HU 公司是一家医疗行业的外企，他们的经理都很懂得关爱家属，集团总经理能够记住下两个级别的管理者的名字和他们的**配偶**名字，而且见面时能说出来，这一点非常能打动人，让员工感觉总经理对他们非常用心，很在意下属和他们的家属。销售经理 Philip 告诉我，他的经理 Jacky 特意去医院看望他的母亲，因为他母亲被诊断为肺癌，准备做大手术。去之前，Jacky 事先还买好了鲜花和水果，在医院里他一句工作上的事都没说，一再要求 Philip 好好照顾老人。Philip 非常抱歉地说："对不起经理，我这一陪住看护老人不仅不能完成工作，还麻烦您来看我……" 母亲出院后，Philip 立刻全力以赴地投入工作中，年底照样完成了销售指标。

壬申公司的"金秋送学"举措是建立在每位管理者对自己的下属充分了解的基础上的，当下属的家庭有困难时，管理者提供适当的帮助，这有"一箭多雕"的作用。首先，让员工知道，管理者和公司了解他的困难并愿意提供支持；其次，不是简单地给钱，而是给孩子提供勤工俭学的机会，让他们通过自己的劳动，减轻父母经济上的压力，给孩子带来更多的独立感和自豪感，同时也能借此了解父母工作的公司，为自己未来的职业发展铺路。壬申公司的以人为本的文化自然而然地传播到公司员工的第二代。

HU 公司的管理者对员工的关怀非常深入人心，管理者去医院看望生病的员工或家属是比较常见的，因为那份关心，员工深深感动；因为那份用心，让员工感觉与经理的关系更紧密，如同工作和生活在一个大家庭里；因为那份关照，员工更愿意付出。

关爱家庭的激励作用

关爱家庭给管理者自己和员工都带来非常大的激励作用，对管理者自己有提升团队凝聚力的作用，还可以达到让员工更安心地工作的激励效果。对员工的激励作用主要体现在两个方面，关爱家庭可以给员工带来非常温暖的感受，在这样氛围里的员工更有动力。

因为关心员工的家属，管理者与员工的关系更加紧密，良好的关系就像一个支持体系，成员相互帮助、相互关爱，每人都能感觉到心与心的连接和互相依赖，这种团队的凝聚力可以让每位成员找到更多的归属感，有强烈归属感的员工，忠诚度也相对更高。当员工努力工作时他的家庭成员也得到了关心和关照，他会非常踏实，没有后顾之忧，也会更加专注地工作。

管理者需要付出更多的关爱，以身作则，要先走出第一步，同时还要理解每个员工对关爱的理解和期待是不同的，对有些员工有效的方法，对其他人可能没有什么效果，对个别人可能效果是相反的。最有效的领导是适时的、个性化的、灵活的。做到最有效的领导的前提条件是对员工深入的、全面的了解，不仅了解他的学历、专业技能、过去的成功经历，更主要的是还要了解他的冰山水平线下的驱动力。

如果管理者只用到了员工的知识和技能，其实只是了解了员工冰山的一角。当管理者了解了员工的整个冰山时，就可以与员工有更多的连接，这时发自内心的真诚和关爱才会自然而然地流露出来，而员工是可以感受到的，这样关爱家庭才不是做“表面文章”。这时管理者在与一个“**完整的人**”在合作，不只是与冰山上面的专业知识和技能合作。

其实作为员工都希望自己能够全身心地投入工作中，不希望自己的头、心、手是分离的状态，即脑子里想的是赶快完成这份无聊的工作，手上忙着打字以完成今天最后一个邮件，心里想这份报告是写给一个不了解自己，更不关心自己的上级，尤其在家里有病人的情况下，还让我加班……越想越不爽，冥冥之中就有些不情愿，就会有应付差事的感觉。

人们都希望自己做的工作是有价值的，对自己、部门和公司是有意义的，同时也希望自己能达到上级的期望，渴望得到上级的肯定和信任。如果上级懂员工，而且不仅了解和关心员工，还关心和照顾员工的家属，那么员工每敲击一下键盘，就有一个符号从手指流出，员工积累的经验和智慧在一点点地变成产品，渐渐组合成绚丽的图案展示给客户，并且不断地提炼、修改之后，让每个符号都精准地表达自己的想法。在这个过程中，员工的**大脑、双手和情感完美地合而为一**，完全沉浸在最佳工作状态里。

关爱家庭的最重要意义是把管理者和员工的心连在了一起，让团队有了凝聚力和温暖的家的感觉。抱成团的组织是最有战斗力的，因为大家可以充分体会到 1 + 1 ＞ 3 或 ＞ 10，甚至 ＞ 100 的合力，尤其在困难面前，他们是可以互相信赖和互相支持的。员工背后的家庭成员构成了一个强大的支持体系，如图 5.7 所示。团队是一个通过互相关心和鼓励抱成团的集体，家属是团队成员的坚强后盾。

图 5.7　员工背后的家庭成员构成了一个强大的支持体系

关爱家庭来自管理者发自内心的一份感激之情，即感恩有缘在一起工作，无论时间长短；感恩鼎力支持，感恩每位成员背后若干家属的支持和无私奉献；感恩团队成员不计较得失，不计较加班和辛苦。

管理者没有想当然地认为别人就应该支持自己，因为他深知自己与员工及其家属实际上处在一个相互依赖的环境里。用老子的话说："心善渊，与善仁。"

前车之鉴

卢总是服装行业一家小型私企乙亥公司的总经理，她最近刚招到一个经理颐燕，负责行政和人力资源工作。她的下属小欧的妻子，在上班的路上，从自行车上摔了下来，膝盖骨折。小欧得知消息后先打电话给他的经理颐燕，报告了妻子摔骨折的情况，当时不知道是否需要住院，就没有谈请假的事。第二天，小欧的经理颐燕，打电话问小欧："你这两天为什么不请假？" 小欧非常难过，经理不仅没有对自己和家属表示任何的关心和问候，而且明知故问。

卢总是一个非常关心员工的总经理，当她听说了颐燕的质问后，立刻把她叫到办公室，问她为什么这样做，颐燕回答说："公事公办，小欧没有请假，说明他做事没有规矩，我有责任提醒他。"卢总与我一起讨论，怎样才能让新经理颐燕意识到，关心员工的家属比提醒下属请假更重要。

Patrick 是一家外企公司的销售经理，2014 年决定从他服务了 10 年的 JW 公司辞职，我很好奇，问他什么促使他跟工作了 10 年的公司说再见。他告诉我最近两年的出差实在太频繁了，他实在无法很好地平衡工作和家庭，作为一个**单亲父亲**，他希望有更多的时间与九岁的女儿在一起，同时他不愿意让年迈多病的父母受累。他深知事业对他很重要，但是平衡的生活似乎更重要，而且此时此刻能够陪伴女儿的成长不是未来可以弥补的。Patrick 与他的上级谈过调整工作，但是经理说："做销售的哪有不出差的？！ 生意是'**跑**'出来的，不是坐在办公室里自己'**蹦**'出来的！"

第一个案例里的颐燕明显缺乏对自己员工的换位思考和对家属的同情，这样做会让员工感觉自己没有规章制度重要。如果颐燕设身处地想一想，如果自己的家属骨折了，她希望经理怎样对待自己，这样她可以发现自己至少可以先问候一下家属的伤情。员工要求的其实不多，几句关心的话就可以温暖人心。

第二个案例中的 Patrick 属于职业锚中比较典型的"生活型"员工，对他们来说，工作虽然重要，但它只是生活中的一个部分，平衡的生活是第一位的。当然他还有单亲父亲的角色，不是单亲家庭长大的，或者没有经历单亲角色的管理者不是太容易换位思考去理解他们的。Patrick 没有得到上级的理解又失去了平衡，辞职是迟早的事。

适用群体

几乎所有的人都渴望上级能关爱自己的家庭，尤其在家属遇到困难的时候能够得到理解、关心和适当的照顾。然而，就像前面说过的一样，每个人对关爱家庭的理解是不同的，因此管理者最好因人而异。相对而言，比较关注人的“考拉”和“孔雀”类型的员工，对关爱家庭会更敏感，要求会高些。更多关注围巾保护层中的“连接”的员工、贝尔宾团队角色中的“凝聚者”类型的员工和职业锚中的“安全/稳定型”“生活型”“服务型”的员工都会比较看重上级在关爱家庭方面的表现，因为公司对于他们这种类型的员工来说更像一个大关系网，互相关心、团队合作和温暖的家的感觉对他们至关重要。关爱家庭做得好的管理者可以很有效地激励和保留这种人才。

有些人的隐私感比较强，可能是因为有比较复杂的家庭背景、比较敏感的家庭关系，或者是比较缺乏安全感的人，管理者需要比较敏感地对待，既要表达适度的关心，又要适度地保护好他们的隐私。

如何使用

贝弗利·凯说：“员工如果经常被迫在工作和家庭生活中做出选择，是两败俱伤的。为什么不能选择双赢或多赢的方法，创造对家庭友好的工作氛围？”关爱家庭的方法很多，前面提过的这里不再赘述。以下分享一些思路和方法，请大家一定要根据下属的具体情况来“因人施法”。

首先，**管理者清楚地意识到自己与员工及其家属处于互赖的环境里**，因此他如何定位自己和员工的关系非常重要。管理者是部门的领导，部门的工作是依赖部门所有成员的努力才完成的，而领导与员工的关系是相互依赖的，因此管理者对员工及其家属的关爱是发自内心的和真诚的。当管理者知道员工和他们家属的重要性时，他一定会想方设法在员工的家属有困难时提供及时和必要的帮助。

其次，管理者可以把员工分成三大类，年轻的、中年的和快退休的资深员工。年轻的员工，20～30岁，未婚，正谈恋爱，或者刚结婚，或者刚有小婴儿；中年员工，30～45岁，多数已婚，多数有孩子，可能正在逆反期，父母渐老；资深员工，45～60岁，孩子正在青春期，或者长大了，自己身体状况开始下滑，进入更年期，准备退休，父母更加衰老。这三组人的家属需求是不一样的，无论管理者自己是否已婚，是否有孩子，都要考虑到家属可能有紧急需求，并给予及时的关心和帮助。

其实只要在谈工作的前后稍微多问几句，就可以了解很多信息。我有一位客户小董是一家私企的高级经理，他给我分享了他如何通过关爱家庭激励和留住了他的优秀员工，并且把他培养成为一名管理者。五年前他发现下属小高，近期情绪不高，与平时非常不一样。小董主动问了小高原因，但小高避而不答，只说他的父亲明天要来看他。小董专程去车站接了小高的父亲，路上聊天时才得知，小高失恋了，老父亲就是过来帮助小高收拾东西，准备回老家了。小董了解这些后，花了很多时间与小高慢慢聊，仔细地分析，真诚地陪伴，终于打动了小高，把他从失恋中“拔”了出来，一年后小高因为出色的业绩，荣升为主管。

关爱家庭时要注意员工的个性特征，相对而言，比较外向的员工家里有困难，比较容易说出口，也比较容易得到他人的关注。管理者要特别注意比较内向的员工，如果他们的家里有困难，更倾向慎言，自己坚持自己处理，直到坚持不下去的那天。作为管理者要善于观察，敏感地觉察下属的情绪变化，这样才能给予他们**及时**和必要的支持。管理者可以在部门会议上特别表扬主动关心他人或他人家属的员工（当然是在员工同意的情况下），这样可以让其他同事看到，在需要时都可以互相支持，让大家敞开心扉，可以**伸手帮**

助他人，也可以举手请求他人的帮助，因为大家本来就生活在一个**互赖**的环境里。

管理者如何知道员工的家属有困难呢？管理者什么时候需要给予关注和照顾呢？敏感一点的管理者在工作时就可以观察到，例如，小张最近上班连续几天都迟到半小时以上，他以前都是很早到办公室，工作非常认真。作为管理者，就可以约小张中午一起吃饭聊聊："最近在忙什么？"保持一颗没有评判的好奇心，了解事实真相。小张这时能感觉到自己是**被评判，还是被关注**。当他从管理者的眼神中看到了关心时，小张就会坦诚相见。

小 结

激励不一定需要钱，激励也没有那么玄，只需要管理者经常关注团队成员和他们的家属，在他们需要的时候，提供及时的帮助，可以是倾听，可以是建议，可以是陪伴，也可以一起做点什么。充分理解每位员工都不是一个人在工作，他们背后都有若干位家属默默无闻的支持，因此当他们有困难时，管理者可以像他们曾经支持自己的员工那样给予他们同样的帮助和支持，这样大家的心紧密地连在一起，形成一个强大的互赖体系，让工作在这个团队里的人感受到温暖，感受到“大家庭”的支持。

关爱家庭的检查清单

为了帮助管理者有效地使用非现金激励的第六招，以下用教练式辅导的方式提出了六个方面的问题。你可以通过回答这些问题，反思自己是否做到关爱家庭。

1. 为什么需要关爱员工的家庭成员？这与你管理者的定位是怎样的关系？

2. 请回忆自己做员工时，你的上级对你和家属的关爱，给你带来了什么感受和激励？现在作为管理者，你可以怎样做让曾经关爱你的家属的温暖和美好的感受继续传递给你的员工？

3. 你如何提醒自己考虑**不同年龄段**的员工和他们的家属的不同需求？怎样做到换位思考？

4. 作为一位管理者，你对自己在关爱家庭方面的满意度如何（满分 10 分）？明年给自己定什么目标？你知道你的团队成员去年给你打多少分吗？

5. 你如何提醒自己照顾到**不同个性特征**的员工的家属需求？你是如何营造大家互相帮助、必要时主动**求助**的团队气氛的？

6. 你在看望员工生病家属时与他们沟通后有什么新的发现？这对你未来的管理工作有什么启发？

CHAPTER 6

第 6 章

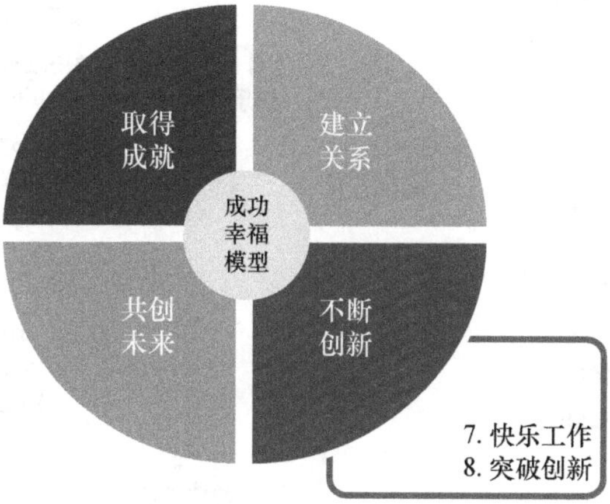

非现金激励的不断创新的两招

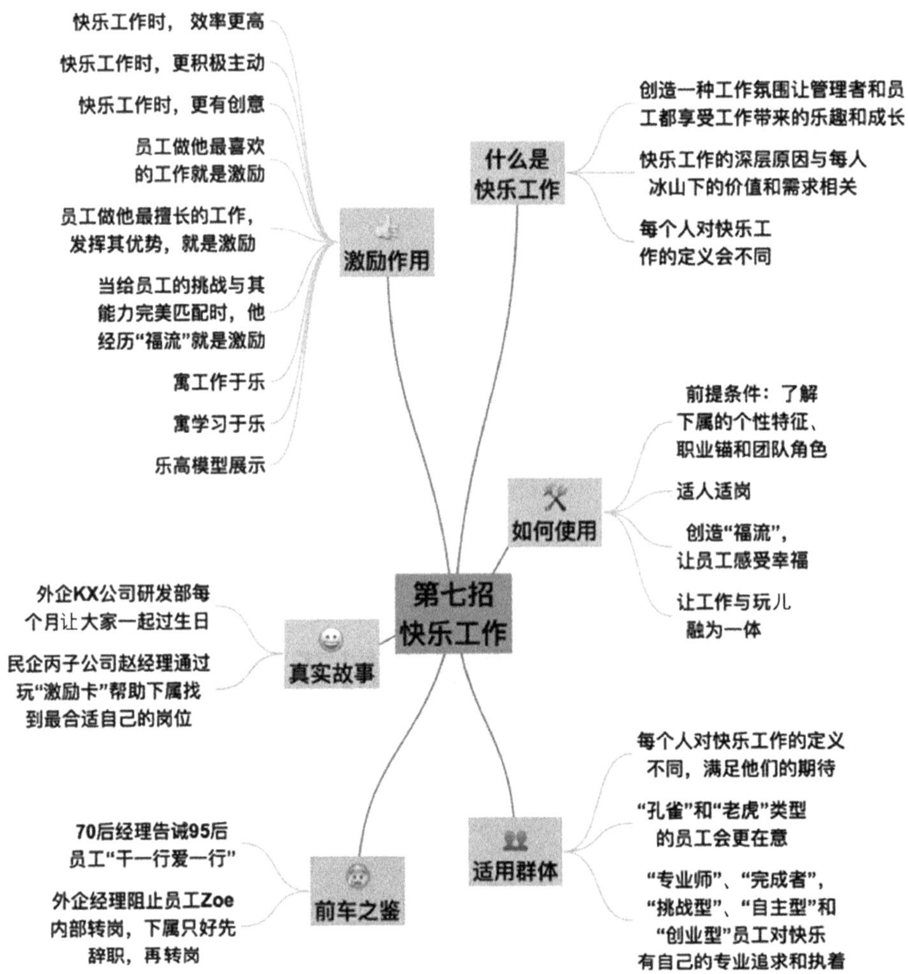
第七招
快乐工作
激励作用
快乐工作时，效率更高
快乐工作时，更积极主动
快乐工作时，更有创意
员工做他最喜欢的工作就是激励
员工做他最擅长的工作，发挥其优势，就是激励
当给员工的挑战与其能力完美匹配时，他经历“福流”就是激励
寓工作于乐
寓学习于乐
乐高模型展示
什么是快乐工作
创造一种工作氛围让管理者和员工都享受工作带来的乐趣和成长
快乐工作的深层原因与每人冰山下的价值和需求相关
每个人对快乐工作的定义会不同
如何使用
前提条件：了解下属的个性特征、职业锚和团队角色
适人适岗
创造“福流”，让员工感受幸福
让工作与玩儿融为一体
真实故事
外企KX公司研发部每个月让大家一起过生日
民企丙子公司赵经理通过玩“激励卡”帮助下属找到最合适自己的岗位
适用群体
每个人对快乐工作的定义不同，满足他们的期待
“孔雀”和“老虎”类型的员工会更在意
“专业师”、“完成者”，“挑战型”、“自主型”和“创业型”员工对快乐有自己的专业追求和执着
前车之鉴
70后经理告诫95后员工“干一行爱一行”
外企经理阻止员工Zoe内部转岗，下属只好先辞职，再转岗

第七招　快乐工作

快乐工作和**突破创新**都是重要的激励思维和方法，前者更关注如何创造一种工作氛围，让管理者自己和员工可以享受工作带来的乐趣和成长；后者更关注每个人如何有更多的自我突破和创新。以下先来介绍快乐工作，它是非现金激励的第七招。

什么是快乐工作

对刚刚毕业、正在找工作的大学生来说，只要能找到一份比较满意的工作，可能就是快乐；对已经工作了八年，对自己每天重复性的工作开始产生厌倦情绪的人来说，有可能只要换个岗位，也许就是快乐。这里讨论的“快乐工作”是指管理者或员工如何创造一种工作氛围，让大家都享受工作带来的乐趣和成长，最终大家都能快乐地工作。

有人在做自己擅长的工作时就是快乐的；有人从事的工作正好是他最喜欢的工作，他就是快乐的；有人喜欢有挑战的工作，每克服一个挑战对他来说就是快乐的；有人偏好相对稳定的工作，没有太多变化的工作就可以给他带来快乐；有人爱好在一个领域里深耕细作，长期的积累使他成为某一行业的专家，这就是他的乐趣；有人更喜欢建立人际关系，擅长从关系网中发现资源，做这样的外联工作最能让他开心；还有人看重工作与家庭的平衡，如果工作不用加班，能准时下班就可以让他很满意了。

很多让人快乐的深层原因都与冰山水平线下面的价值观和需求相关。因此，快乐工作没有绝对的或者唯一的定义，对它的理解也会因人而异，而且它还会随着诸多因素如年龄、阅历、岗位、环境的变化而发生改变。

真实故事

KX 公司是信息产业的一家外企，它的研发部门每个月都会由人力资源事先统计过生日的员工，之后安排一个下午邀请大家聚到一个大会议室，让本月过生日的同事一起吃蛋糕，边吃边有其他员工即兴采访过生日的员工，可以问三个问题，借机“刺探”一下同事之间平时想问，又不好意思问的“小秘密”，很好地调节了紧张的工作气氛。虽然过生日的聚会不到一小时，但是它营造的欢声笑语、愉悦的心情像石子投进了大海，引起了一连串的涟漪效应。

2014 年在“领导力”工作坊上，我带领民企丙子公司约 20 名中层管理者做了一个“激励因素”的小活动。我把冰山下面的激励因素写成卡片，例如，写上“被认可”“完成任务”“有自主权”“更有效”“得到晋升”“与他人有连接”“开心”“能冒险”“创造性”等，让管理者选择一个此时此刻最能激励自己的因素，然后分享为什么这个激励因素对他如此重要。

其中一位学员赵经理很受启发，工作坊之后他把同样的活动给他的 12 名下属也玩了一遍，他有一个重大发现，目前正在忙着完成一个又一个任务的员工，他最看重的激励因素是“能冒险”，而一个正在从事比较有冒险性工作的员工，她把“完成任务”当作她最看重的激励因素。活动之后经理分别找这两位员工谈话，确认他们各自的激励因素之后，把他们的工作进行了对换调整，并约好两个月后再看工作进展情况，确认是否需要进一步调整。两个月后，经理被告知，这两位员工**比以前要开心很多。**

与同事一起过生日的聚会一般都发生在下班之后，在一个餐馆，与吃饭、喝酒和唱歌经常安排在一起，但是 KX 公司特意在办公室里组织这个活动，方便所有人来参加，而且只有 40 多分钟。平时紧张的工作气氛需要有些调节，让大家暂时放下手头的工作，抬起头，走到大会议室，放松心情，让一阵阵欢声笑语带来美好的生日祝福，还有甜软可口的蛋糕，更有同事之间的一问一答，有趣的互动，甚至“打情骂俏”，让同事之间有更多的连接，这里没有管理者和员工的区别，只有过生日的和祝贺生日的区别，大家的感觉都很好。

把合适的人放在合适的岗位上，这不仅可以营造快乐的工作环境，还可以提升工作效率和业绩，让员工在愉快工作的同时获得成就感，这是非常明智的激励方法，而且不需要花一分钱。玩激励卡的活动告诉人们每个员工都不一样，了解了他们内在动力，就可以人尽其才，发挥他们的特长。

快乐工作的激励作用

工作是人们养家糊口的需要，也给人们带来了稳定感和安全感。在工作中人们还赢得了自尊和自信。工作是人们与外界建立联系、获得友谊和社会认可的途径，还是人们获得成就感和自我实现的重要方式，因此工作有着多重的意义和作用。从人们离开学校走向工作岗位那一天起，直到退休，从 20 多岁到 60 多岁，人生中最宝贵的、最辉煌的阶段都在工作。在这 30～40 年过程中，人们与工作上的伙伴所花的时间甚至比与家人的时间还要长，这意味着什么？意味着怎样工作，以什么心态来工作，怎样与这些工作伙伴朝夕相处，对每个人都有着非同一般的意义。

如果每个人能够快乐地、开心地工作，工作效率可以成倍增长，达成目标的可能性至少提升 50%。当人们愉悦的时候，就会有更多的创新，就会有更多的积极主动，与周围同事的关系就会大大改善。这种愉悦感可以带回到家庭，继续传递给家人和朋友。其实，追求快乐、享受快乐是每个人的需求，包括员工和管理者自己。

快乐对每一位工作者都很重要，如果管理者懂得激励的方式之一就是营造快乐的工作环境，或者给予员工空间和时间让他们快乐地工作，那么管理者就会愿意花更多的时间思考如何让员工开心和高兴，而不是花时间设计复杂又烦琐的流程来保证每个员工按时按量完成指标，或者一遍又一遍地提醒或检查员工的工作，当然也不会让自己陷入焦虑的状态，担心员工完不成任务，或者做不好。

现在的员工大多数都是知识工作者，他们想把自己的知识和技能贡献给企业，借以体现自己的价值。用丹尼尔·平克的话说："现代的知识工作者实际上是**自我驱动**的，也就是说他们喜欢从**精通**、**自我掌控**和**意义**三个方面找到他们的工作动力。”了解了自我驱动和自我激励的概念后，管理者的工作就是创造合适的工作环境。

快乐对现在的年轻人尤其重要，他们追求快乐的方式与上一代不同，如果管理者不了解这一点，就会遇到很多挑战。在我所服务的公司里，有不少管理者抱怨：“我不知道 90 后在想什么……”如果这位管理者家里有一位 85 后或 90 后或 00 后的孩子，看看他们是怎样工作、怎样学习、怎样社交、怎样享受快乐的，他也许就明白了他们之间的区别。

成人与孩子的区别是什么？孩子有很多时间和很多玩具可以玩儿，玩儿是孩子的乐趣，玩儿是孩子的天性，其实成人也一样，每个成人的内心都有一个没有长大的孩子，成人也有很多玩具可以玩儿。当人们非常喜欢自己的工作时，就似乎没有感觉到自己在工作，人们认为自己在玩儿！同理，当人们玩得特别投入时，就认真得就像在工作一样，这就是“乐高认真玩”的道理（参见第九招内容）。

孩子在玩儿的过程中长大，在玩儿的过程中学习，更重要的是，玩儿是快乐的，学习也是快乐的，因为孩子喜欢玩儿，学习是必然的结果，一切都顺其自然。成人有很多时间吗？前边说过人们有 30～40 年的工作时间，那是一万多天呢！所以成人也有很多时间，只是过去的教育告诉人们自己是成人了，不应该再玩了，必须工作了，可是潜意识里人们还想玩儿，有多少年轻的爸爸妈妈有了孩子之后，在买玩具时，一半是为了孩子，另一半是为了填补自己儿童时期没有被满足的需求。爸爸买玩具枪、小火车、小飞机等；妈妈买娃娃等。又有多少年轻的爸爸、妈妈在与孩子玩玩具时，感觉自己又回到了童年……

人们太习惯把工作与玩儿分开了，因此在工作时间玩儿有一种负罪感，怕浪费时间。工作似乎必须是艰苦卓绝、汗流满面的，相比之下玩儿就是玩物丧志、游手好闲的。如果工作就是玩儿，玩儿就是工作，将工作和玩儿合为一体，在工作中既享受玩儿的乐趣，又在玩儿的过程中带来了工作成果，那会是什么样子？那就是成人在办公室里**一边玩乐高积木，一边讨论公司战略的状态。**

早在 20 年前乐高公司在丹麦就开始这样做了，在最近的 20 年内，很多全球 500 强公司，如微软、谷歌、甲骨文、惠普，还有不少中国的公司如腾讯、联想、中国移动、中国平安等，它们未来五年或十年的发展战略首先是用乐高积木**“玩”出来的**，如果一定要用工作的语言来描述，**是“搭”出来的。**乐高积木不仅可以帮助管理者构建战略方向，还可以帮助员工建立互信，帮助人们创新和突破。在搭建各种主题的乐高模型中去发现、观察、反思、构造、分享和收获，之后再集体构造、集体分享、集体发现和集体收获。用乐高积木搭建的公司愿景如图 6.1 所示。

这是一个非常神奇的过程，每个成人都乐在其中，同时人们又有了非常丰盛的成果。在玩乐高的过程中我经常听到管理者有孩子般的诉求："怎么这么快就到五分钟了！再给我一点时间吧？"我想很多管理者特别希望能听到他的下属在工作时经常说：**“让我再干一会儿吧！”**如果这个工作是下属非常喜欢的工作，我想他会这样说的。

图 6.1　用乐高积木搭建的公司愿景

不是只有工作狂才享受工作，只要喜欢自己的工作，做自己擅长的事情，发挥自己的优势，看到自己工作带来的价值和影响，在工作中能与他人建立互信、互赖、愉悦的关系，在工作中能够经常学习到新的知识和技能，不断有自我突破和创新，人们都会非常享受自己的工作，就像喜欢自己的玩具一样，希望多玩一会儿。当人们享受自己的工作时，人们是愉悦的、自我激励的，处于自我激励的人们会有更多的积极主动，会有更多的创新。谁见到过玩得非常投入的孩子是消极被动的？

前车之鉴

2015年，我在小区的理发店剪头发，听到洗发的小姑娘娇娇，抱怨她的经理说得不是人话。我有些不解，因为我认识她的经理已经有10年了，能吃苦的70后，在农村长大，20年前来到北京打拼，终于有了自己的美容美发店，我们有很多共同语言。娇娇洗了三个月的头发，觉得没意思，想换岗位，或者换地方，经理说："你们年轻人要干一行爱一行！"我一听就忍不住笑了，这是我们那个年代的口号，非常深入人心，与我们那个时代紧密相关。

改革开放前，根本没有私有企业，只有一种企业形态，即国企，因此根本没有可以选择的就业机会。无论多么不喜欢自己现在的工作，我们只有一个选择，即干一行爱一行，强迫自己接受这个现实。而1999年出生的娇娇哪里听说过这个口号，在她看来这完全没有道理。"凭什么我要干一行爱一行呢！我就是不喜欢天天给人洗头！"

Zoe是一家外企LY公司的资深销售，她在渠道销售部门工作了五年之后，希望有机会学习大客户销售，让自己的销售技能得以充分拓展和成熟。她发现了一个机会，而且成功通过了内部的应聘面试。但当她鼓足勇气与她的上级沟通这件事时，得到了"不同意"的答复，这样的事情在LY公司是非常少见的，因为LY公司一直是以"开放式管理，以人为本"的理念著称的，从一定意义上讲，上级对在目前岗位工作超过一年，并且表现优秀或良好的员工都是支持内部转岗的，但是这位上级以"目前工作迫切需要"为名，千方百计拖延Zoe的转岗，这让她非常沮丧。

一个月后，Zoe的转岗没有任何进展。虽然她非常认可LY公司，但是，在做了几次努力失败后，她不得不采取先辞职，再加入的方式，用了三个月的时间完成了在公司内部本来两周就可以完成的转岗流程。

对于第一个案例中“干一行爱一行”的说教式劝导，不同时代的人的反应是非常不同的。70 后的经理劝导 95 后的时候没有充分考虑 95 后的成长背景，其效果就如同“对牛弹琴”。如果经理可以让娇娇通过每次给客户洗头后的反馈得到技能的改进和客户的认可，也许她可以找到每天洗头的意义和乐趣。

从第二个案例里，可以发现管理者不仅没有创造快乐的工作环境，为员工提供支持和发展空间，反而制造了障碍和阻隔，让员工备感沮丧和失望，结果他自己不仅没有留住优秀员工，还让正在自己团队工作的员工听说此事后产生了担心和焦虑。其实更糟糕的影响也许会在未来，当这位经理的部门有职位空缺时，其他员工是否愿意过来，如果没有听说 Zoe 的故事还好，但凡听说了，如果还有其他的选择，这个空缺能否很快由内部员工填上是个疑问。

适用群体

所有的人都渴望快乐地工作，只是每个人对快乐的定义不同，对快乐工作的要求程度也会有所不同。对有些员工来说快乐就是自由，管理者最好给员工更开放的空间和自由度；对另一些人来说，快乐就是良好的人际关系，管理者需要更多关注员工与自己、同事之间的关系，营造友好和谐的团队气氛，让员工有连接感；还有些员工认为快乐就是成就感，管理者就要提供和创造机会让员工经过自己的努力获得成就和自豪感。总之，首要条件是管理者了解员工和他们的个性需求，知晓他们对快乐的定义和要求的程度，适时、因人而异地激励他们。

相比之下，DISC 个性特征中的“老虎”和“孔雀”类型的人对快乐工作的要求会高一些，他们对外在的环境更加敏感，如果有快乐的工作环境，会让他们更开心，工作效率会更高。此外，贝尔宾团队角色中的“专业师”和“完成者”，职业锚中的“挑战型”、“自主/独立型”和“创业型”员工，对什么是快乐有自己的专业追求和执着，管理者怎样赋予他们更多的自主掌控的机会至关重要。

如何使用

快乐工作的方法很多，前面提过的这里不再赘述。以下分享一个前提条件和三个有效方法。

前提条件：了解你的下属的职业锚、贝尔宾团队角色、DISC 个性特征等。

① 适人适岗。

② 创造“福流”。

③ 让工作与玩儿融为一体。

首先，真正花时间了解你的员工，这是创造快乐的工作气氛的前提条件。因为前边说过，快乐是非常个性化的，所以管理者首先要问自己一个问题：“我了解我的每一位团队成员吗？”先请管理者自己回答如下问题。

① 在你的工作中，什么最让你有成就感？

② 哪些部分是你最在意，哪怕不给报酬也一定要做的？

③ 最能点燃你的激情的是什么？

④ 若干年以后，你的团队成员谈起你，你最希望他们怎样描述你？

当管理者自己想清楚了，他就可以用前三个问题与每位下属沟通。如果管理者只了解一些，或者不了解，那就先去把“不了解”变成“了解”，了解他们的个性特征、兴趣爱好、职业锚和团队角色（请参考第 3 章内容）。

1. 适人适岗是创造快乐工作环境的有效方法

所谓适人适岗是指把合适的人放在合适的岗位上，大多数是由管理者安排的，也有是员工主动提出的，如他们请求应聘部门或公司内部的其他岗位，这两种方式都应该得到鼓励。

所谓合适是一个比较宽泛的概念，包括发挥和善用他人的优势，让员工感觉他可以更好地发挥自己的才干，或者挖掘他的潜力。应用前边提到过的职业锚的理论，让一个以“挑战型”为职业锚的员工做现场工程师的资深场外工程师，解决初级工程师不能解决的各种技术难题，就是完美的匹配。也可以是委任一位以“创业型”为职业锚的经理在公司内部管理一个未来新产品“试验田”，给他空间和资源去尝试新产品，或者增加新的服务，因为这种类型的人愿意去冒风险，并且愿意在克服挑战的过程中证明自己。

也可以应用前边提到过的贝尔宾团队角色的理论，把一个愿意承担“凝聚者”工作的员工放进一个刚建立的团队，他会相对比较容易地拉近大家的距离，关心每个人的需求和特点，帮助凝聚团队，而且他自己也会因为看到和谐的团队而高兴和备受激励。

有一个误区需要特别注意，无论是职业锚，还是贝尔宾团队角色，都不会只有一个角色，多数人可能有两三个非常擅长“扮演”的角色，同时还有两三个也可以扮演的角色，因此人岗相适并不是逃避走出舒适区的借口。

2. 创造“福流”让人感受到幸福

美国心理学家米哈里·契克森米哈赖用了 15 年时间追踪一些特别成功的人士，发现这些人有一个共同的特点：当他们做自己特别喜欢同时又有一定挑战的事情时，经常会进入一种物我两忘、天人合一、酣畅淋漓的状态，此时他们都能创造自己的最佳业绩。这种经由全神贯注所产生的心理体验，米哈里称为“Flow”，谐音翻译为“福流”。

现在我就请大家静下心来，慢慢地回忆一下在自己的人生中是否已经有过如下的体验：你曾经经历了一件非常有挑战的事（可以是自己选择的，也可以是他人让你做的），但之后它让你产生了浓厚的兴趣，你专注而沉浸其中，对周围的一切浑然不知，这时你完全被一种努力克服这个挑战的心态和忘我的投入推动着。当你最终克服了这个挑战时，你感受到无比的喜悦，体会到了创造性的乐趣，同时你创造了自己的最佳成绩。如果上面的情境都曾出现，毫无疑问，你就是拥有过“福流”体验的人。这种体验可以是在参加考试的两小时内，可以是在演出比赛的 10 分钟内，还可以是在事故现场解决了一个老大难题时，也可以是在清晨起来跑步或做瑜伽的时刻，感受到“福流”的人是非常幸福的。

作为管理者，如何让员工感受到这美妙的“福流”呢？这里有三个重要因素，第一是员工的技能水平；第二是这件事的挑战难度，第三是员工的意愿度，包括对挑战的喜欢程度和意义的认可。这件事的挑战难度最好与员工的技能成正比，是员工努力跳起脚能达到的目标，还要考虑到每位员工的弹跳能力不同。如图 6.2 所示，难度太大，会带来焦虑和不安；难度太小，会带来厌倦和失望。一定要有挑战，只有挑战才会让他全神贯注；一定是他喜欢的或对他有意义的事，他才会不离不弃。能创造这样的环境的前提条件是管理者了解员工，当员工获得了“福流”的体验时，他的自信心和幸福感会骤然提升。

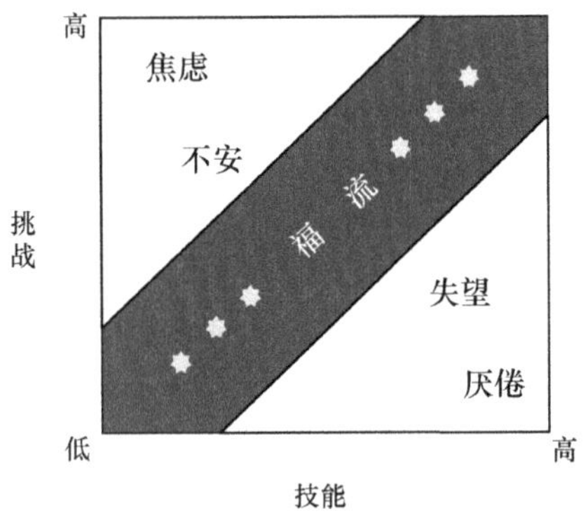

图 6.2　福流

3. 让工作与玩儿融为一体

可以通过玩乐高积木来搭建公司的远愿景，而且让每位参与者都深刻地、切切实实地感受到自己的参与和贡献，详细方法请见第九招共创愿景。

小 结

快乐工作是每个人的诉求，人生中有 30～40 年是在工作职场上度过的，有时与同事相处的时间比与家属的时间还多。如果愿意了解自己在工作上最有成就感的时刻、最能点燃激情的项目，同时愿意洞察下属对快乐的理解和看法，尽可能创造快乐的工作气氛，可以把合适的人放在合适的位置上，可以创造条件让员工体验“福流”，还可以让工作与玩儿融为一体，那么员工一定会享受工作带给他们的乐趣和成长，同时收获更高的绩效，当然也给管理者自己带来更多的惊喜。

快乐工作的检查清单

为了帮助管理者有效地使用非现金激励的第七招，以下用教练式辅导的方式提出了六个方面的问题。你可以通过回答这些问题，反思自己是否做到快乐工作。

1．快乐工作对你意味着什么？对你的员工意味着什么？

2．请回忆你做员工时，你的上级怎样创造快乐的工作氛围，让你享受工作的乐趣？有哪些方法你可以继续使用？

3．你的 90 后下属怎样理解快乐工作？

4．随着年龄的增长、阅历的增加，部门的扩大、缩小和变化，你对快乐工作的理解有什么变化？你的下属对快乐工作的理解有什么变化？

5．你怎样通过“适人适岗”的方法给你的员工带来快乐？

6．请回忆你曾经经历的“福流”，怎样创造条件让你的下属也通过经历“福流”感受幸福？

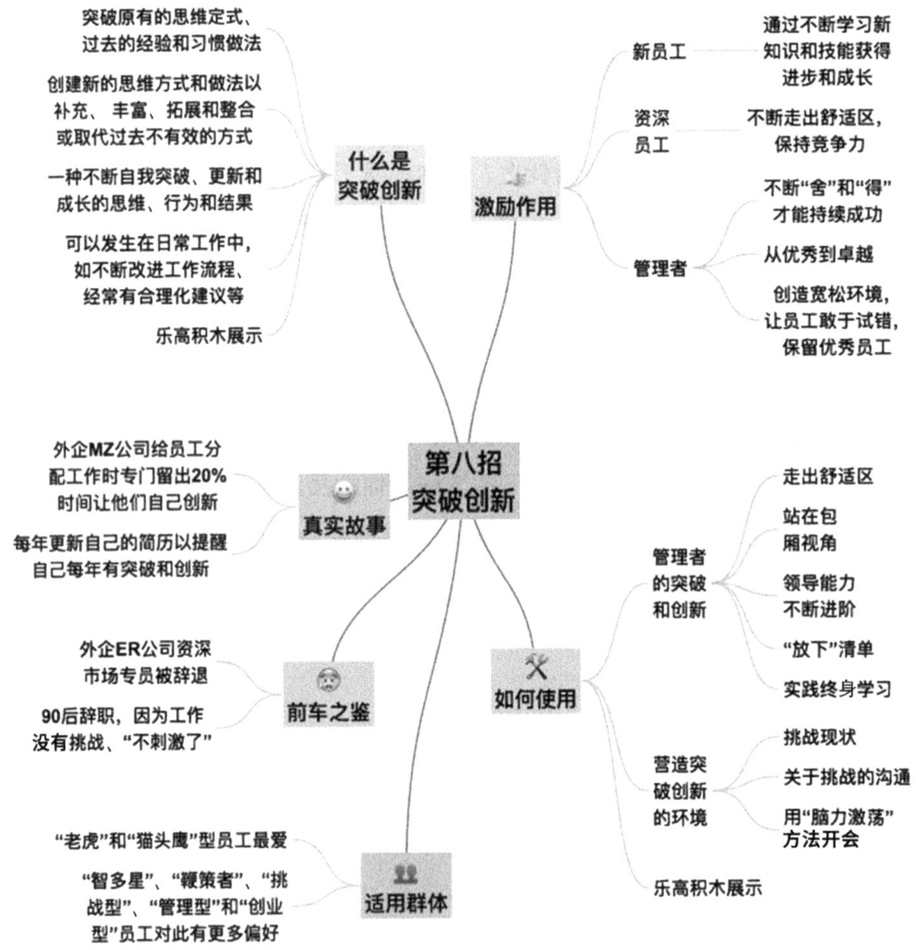
第八招
突破创新
什么是
突破创新
突破原有的思维定式、
过去的经验和习惯做法
创建新的思维方式和做法以
补充、丰富、拓展和整合
或取代过去不有效的方式
一种不断自我突破、更新和
成长的思维、行为和结果
可以发生在日常工作中，
如不断改进工作流程、
经常有合理化建议等
乐高积木展示
激励作用
新员工
通过不断学习新
知识和技能获得
进步和成长
资深
员工
不断走出舒适区，
保持竞争力
管理者
不断"舍"和"得"
才能持续成功
从优秀到卓越
创造宽松环境，
让员工敢于试错，
保留优秀员工
真实故事
外企MZ公司给员工分
配工作时专门留出20%
时间让他们自己创新
每年更新自己的简历以提醒
自己每年有突破和创新
前车之鉴
外企ER公司资深
市场专员被辞退
90后辞职，因为工作
没有挑战、"不刺激了"
适用群体
"老虎"和"猫头鹰"型员工最爱
"智多星"、"鞭策者"、"挑
战型"、"管理型"和"创业
型"员工对此有更多偏好
如何使用
管理者
的突破
和创新
走出舒适区
站在包
厢视角
领导能力
不断进阶
"放下"清单
实践终身学习
营造突
破创新
的环境
挑战现状
关于挑战的沟通
用"脑力激荡"
方法开会
乐高积木展示

第八招　突破创新

管理者如何让自己不断突破和创新，同时创造不断突破创新的工作环境，以提升自己的领导力和团队成员的竞争力，同时完成团队目标呢？以下介绍非现金激励的第八招突破创新。

什么是突破创新

在工作中的突破创新，有两层意思，首先是突破原有的思维定式，突破过去的经验和习惯做法，突破自己看问题的视角等；其次是创建新的思维方式和做法，来补充、丰富、拓展、整合，或者取代过去不有效的方式。突破创新是无止境的，它既是一个过程，也可以是阶段性的成果。例如，20 年前的管理体制是多层级的，而且相对比较封闭，更强调纵向汇报关系，现在的管理体制增加了矩阵式管理，减少层级，更强调扁平，鼓励横向合作，这就是人们经历的企业组织的突破与创新。

无论是政治和经济形势，还是所在的行业和合作伙伴，它们随时都在发生着变化；管理者带领的团队成员也在改变，如内部转岗、新员工加入、个别员工离开等；管理者自己，为了保持自己在市场的竞争力，为了让自己有更多的成就感，也会不断突破和创新，总之，无论是外在还是内在的变化都要求管理者与时偕行。商业环境不是只有进，没有退，因此，偕行或许是更准确的描述。

在本书里的“突破创新”包括从无到有的发明或专利，其实，突破创新也经常发生在日常工作中，随处可见的例子包括不断改进自己的工作，优化流程，提升效率；遇到挑战，尝试不同的解决方案；经常有合理化的建议并带头开始实施；不怕失败，愿意尝试以前没有做过的工作或岗位；主动请缨，参与或领导新的项目或任务；每年自学一些新技术和知识并用到工作中，想方设法提升服务质量，满足客户的要求，等等。

达到目标的多种方式如图 6.3 所示。在图 6.3 中，右下角的两个小人商量怎样达到他们的目标，即左上角插小红旗的地方，比较传统的路径是必须通过身后铺出的道路。其实条条大路通罗马，可以乘火车过去，可以坐飞轮过去，可以搭天桥过去，更可以搭斜板越过障碍，总之，方法很多，这些都是突破与创新。

图 6.3　达到目标的多种方式

那么突破创新与激励有什么关系呢？先分享一个我的中学同学王倩的故事，她在中学学农时被分配在厨房里帮厨，她的右手不幸被压面机卷进去，严重受损。但是两星期之后她用左手给我们写信，字迹清秀漂亮，甚至与她右手的字还有几分相像。从此她的右手永远戴着手套，写字和用筷子等全部用左手来完成，她自我调侃说："我发现自从我开始用左手写字，比以前聪明多了！"

大约 95%的人更倾向用右手，在多数情况下，他们的左手只起辅助作用，只有在系扣子、洗碗等需要双手并用时，左手才会同时启用，否则需要使用单手时，右撇子会更倾向用右手，同理，左撇子会更倾向用左手。但实际上每人都有一双手，说明人们本来就可以单独使用任意一个手，左手或右手。因为是右撇子，就会下意识地、更多地使用右手。王倩的故事告诉人们：右撇子的左手可以用，而且可以用得很顺手！这是一个自我激励的故事，她告诉人们可以不断自我突破和创新，在自我突破的同时可以获得同样的成就感和自豪感。我曾经看到一位年轻的同事用左手拿鼠标，她认真地告诉我："我在通过使用自己的左手锻炼我的右脑。"因为左右手，正好相反地与左右大脑紧密相连。

1954 年 5 月 6 日，25 岁的英国业余选手罗杰·班尼斯特以四分五十九秒的速度跑完了 1.6 千米，这是奇迹般突破。之后发生的事也许具有更大的突破意义：**在一年之内相继有 37 名运动员在四分钟内跑完了 1.6 千米**；1955 年，这一数字再次被刷新，达到 300 多人，班尼斯特的壮举如同一支魔法杖点醒了后来数百名运动员。

有时会被**过去**的纪录、过去的思维定式、过去的经验，还有专家或权威人士的言论固化或束缚住人们的想法。突破创新首先发生在人们的思维中，就像班尼斯特一样，早在八年前他还是医学院的学生时，他就发誓自己要成为第一个突破四分钟极限的人，也就是说首先相信自己能改变或突破创新。因为相信，人们就会去尝试新方法，尝试需要时间和坚持，因为改变开始总有很多不适，需要最开始的信念的有力支撑。当人们的行为在不断地重复和训练之后有可能变成习惯，在习惯的推动下，人们就会自然地达成一个成果，这个成果会印证人们最初的思维，即"我是可以突破创新的"。

当然，如果从一开始人们就不相信自己可以突破创新，就不会去尝试新的方法，更没有耐心坚持，也不会有行为上的改变和重复，这自然也会带来一个结果，那就是："我不是能创新的人！"这样就进一步强化了原来固有的思维。这就是我在第 1 章里介绍过的观–为–得模型，为了记起来更有效，我将其改为思–为–果模型，如图 6.4 所示，它展现了思维的强大作用，也告诉了人们突破创新从自己的思维开始。

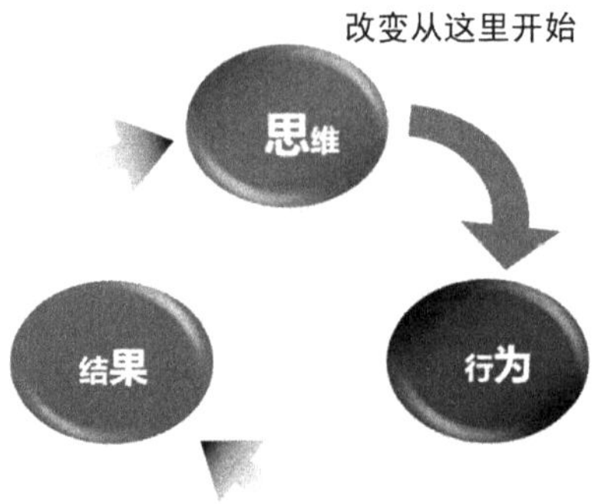

图 6.4　思-为-果模型

真实故事

MZ 公司是以突破创新著称的互联网公司，管理者在分配工作给员工时，特意留出 20%的时间给员工，让他们在自己擅长的领域为公司提出有建设性的创新建议。更重要的是，MZ 公司会认真讨论和采纳其中的建议，给公司带来持续的突破和创新，MZ 公司的很多创新都是来自员工在这 20%的时间里的投入。

我个人有一个比较独特的方法来提醒自己突破创新，即**每年更新自己的简历**。这个方法最初不是自己想出来的，是因在 AN 公司工作期间经常接到猎头公司的电话，不断被要求“发一份**更新**的简历”而激发的。开始很不情愿，因为在 AN 工作很开心，当接到猎头公司的“邀请”时，我能隐约地感觉到自己市场上的价值，而且我的工作也确实有了变化，为什么不更新一下自己的简历呢？然后就这样被动地，几乎每年都更新一下，更新的内容包括工作内容的拓展、职位的晋升、角色的转变、工作领域的改变等。

记得 2001 年当我更新简历的时候，发现没有可以更新的内容了。2002 年同样的事情发生了，我认真问自己：“难道真的没有什么可以更新的吗？”答案是“确实没有！”这让我突然警醒：“难道我这两年在原地踏步？！我什么新知识、新技能、新项目都没有尝试和启动吗？”如果连续**两年**没有更新的简历还马马虎虎，但是连续**三年**是不能接受的，我就在 2003 年初认真思考自己的目标，与上级沟通部门的目标和挑战……

MZ 公司的一些做法属于管理层面的举措，它的前提条件是已使用了非现金激励的**第一招清晰职责、第三招追求卓越和第四招尊重与信任**，相信只要创造了合适的环境，员工会全力以赴，无论是给他们 100%的工作量，还是 80%的工作量，他们都愿意贡献自己的知识、技能和智慧。这对管理者的要求是比较高的，首先是管理者是否做到清楚了解并分配了合适的工作量给每位下属，如果是，员工就会受到激励；如果随着他们能力的提升，还能动态地管理他们的工作量，持续给他们留出 20%的时间和空间，让他们去创新，员工会备受激励；当然如果管理层认真讨论他们的创新建议，并且采纳和实施，员工一定会有很大的成就感和自豪感。

我每年更新简历有一个潜在的需求，即保持自己的市场竞争力。人们都有惰性，都会自然不自然地贪图舒适和安逸，因此如果没有一个内在的动力和外在的刺激或导火索，有时人们会在舒适区逗留过长，而让自己失去竞争力。这就是为什么规律性的自我反省非常重要，人们的身体需要每年体检一次，人们的能力也需要定期的检查。每个人可以寻找自己喜欢的方式来提醒自己，更新简历只是形式，与时偕行，不断地自我突破才是目的。

突破创新的激励作用

突破和创新不是可有可无的、光鲜亮丽的装饰品，它是所有组织或企业的生命，也是每个人进步和成长的必需品。那么它的激励作用在哪里？**从新员工的角度来看**，他们从没有任何经验的新人，变成有经验的资深员工，这个学习的过程本身就是在不断地突破和创新。如果作为新人的上级，用一年的时间教给新人做 10 件事，那么新人虽然在开始的几个月有收获，但是过了几个月后，新人就会发现自己已经可以完成这 10 件事了，这时有人会要求自己不断追求卓越；作为管理者，也可以在时间、质量和独立工作的方面提出更高的要求，让新员工在完成新的挑战或任务过程中获得新的知识和技能。因此，通过不断给下属新的挑战和新的任务，在他们不断克服新的挑战、按时高质量地完成一个又一个任务的同时，让他们有突破和有创新，这对年轻人来说就是最好的激励。

从资深员工的角度看，他们在现有的位置上已经积累了丰富的经验，这时有人会提醒自己，山外有山，需要不断更新自己的知识和技能，要更上一层楼。作为管理者，给他们更加挑战的工作，让他们担负更多的责任，有适度的授权，他们会感觉到上级对他们的重视和重用，这本身就是激励。

但是也有一些资深员工会进入自我感觉良好阶段，不由自主地放松了对自己的要求，遇到更挑战的任务会推诿，喜欢待在舒适区里，害怕失败或犯错误，当然他们也没有看到自己可以有更出色的表现和更大的价值。

如果上级在这个时候放任资深员工留在舒适区，就没有起到管理者应该起的作用，因为在舒适区停留的时间越长，越不愿意出来，这就需要管理者不断地、循循善诱地启发资深员工走出舒适区，不断挖掘自己的潜力，让资深员工成就更好的自己，这就是突破创新对资深员工的激励。

从管理者的角度来看，突破创新的激励作用更是"一箭多雕"，外在的因素我前边已经说过，内在的因素来自两个方面，一个是向上发展的需要，另一个是自身追求卓越的需要。用拉姆·查兰的话说，当管理者从一个通道过渡到另一个通道时，他需要放下以前掌握的30%的知识和技能，取而代之的是学习30%的新知识和新技能。

没有舍，就没有得，如果他习惯性地带着以前的思维方式和做事方法，他就不是一个称职的新职位的管理者，因此他必须要突破和创新才能胜任自己的新工作。如果他的上级在提升了下属管理者之后，没有给他任何新的挑战和任务，而他还是做以前的事，用以前的方法，那是对他自己和公司资源的浪费。

如果管理者能够营造宽松的环境让员工敢于试错，在错误中学习，也有同样巨大的激励作用。我有一个客户曾经非常激动地给我分享他的发现，他在这家外企工作有15年了，当时很多人跳槽，他说他不是没有想过离开，但是认真思考公司的环境，"我只有感激，感谢我的上级，他的宽容和信任，让我可以在试错中学习和成长。说得直白一点，公司花很多钱，做产品的市场宣传工作，我开始很难确信哪种市场活动可以带来最好的宣传效果，只好一个一个地尝试，在不断的尝试、失败、再尝试的过程中摸索，最后获得的经验是公司的，也是我自己的。”

前车之鉴

ER 公司以前没有末位淘汰机制，然而 2004 年改组后，为提升市场竞争力，ER 公司在全球范围内开始推行末尾淘汰制，每年年终评定最低的 1%~3%“低效”员工，会要求他们的经理与低效员工一起做出 30 天、60 天、90 天的绩效改进计划。如果绩效提升了，评分也会提升；如果绩效没有提升，就会辞退该员工（包括经理和员工）。14 年过去了，ER 公司没有改变过末尾淘汰制，从某种程度上来说，末尾淘汰制有效地冲击了停留在舒适区里的员工和管理者的固化思维。

Jerry 名校毕业后作为“管培生”加入 ER 公司，开始有两年的轮岗工作，大家对他的评价都挺好，但是，到第四年他的工作态度和敬业精神有了比较大的变化，与他沟通后没有明显的改善，有几次参加重要业务会议时，他竟然睡着了，当他的经理与他谈话告知他被辞退时，他非常惊讶，很难接受……

然而一年后 Jerry 的经理接到他的电话，说要请经理吃饭，经理怀着好奇心与他见了面，原来他是非常有诚意地来感谢上级：“感谢你当年把我‘推’了出去，让我惊醒，我从非常有优越感的外企公司的资深市场专员，变成了待业青年时，**我瞬间体会到了什么是危机**。我要求自己立刻振作起来，很快找到了另一家外企，一年之内就做到了市场部经理……”Jerry 的经理为他高兴。

Andrew 是一家互联网公司的 IT 总监，2017 年公司正在从开始的高速“野蛮”发展到逐步进入正规化运作，但是他的团队在一年之内有 35%的人才流失率，他非常痛苦，找每位辞职下属一一了解情况，让他吃惊地发现，其中两位骨干员工离开不是因为工作压力大，不是因为经常加班，也不是因为管理不当，而是因为工作**没有挑战**，用 90 后的话说，工作“不刺激了”“不好玩了”。挑战的工作对年轻人来说是很有吸引力的，而且不断有新的挑战可以让他们感受到自己的突破和创新。

适用群体

所有的人都需要突破创新带来的激励，但是 DISC 个性特征中“老虎”和“猫头鹰”类型的人，贝尔宾团队角色中的“智多星”和“鞭策者”类型的人，职业锚中的“挑战型”、“管理型”和“创业型”的员工，对突破创新有更多的偏好，他们喜欢经常有新鲜的事物，他们天生追求有创意的产品和策略，因此突破创新对他们是巨大的激励。

如何使用

以下分两步来介绍，首先，管理者自己的突破创新；其次，管理者怎样营造突破创新的氛围。先来介绍管理者自己怎样才能突破创新，以下有三个方法。第一，简单复习前边介绍的走出舒适区、包厢视角和领导力进阶通道之转换带来的突破和创新；第二，列出“放下”清单；第三，实践终身学习。

第一个方法在本书第 3 章已经做过介绍，因此以下通过提问请大家反思一下：回忆自己上一次在学习区里的经历，怎样让自己不断有知识和技能的更新？你是怎样定期提醒自己走出舒适区的？包厢视角是从员工到经理过渡期的重要转变，请审视一下自己最近一周在“包厢”所花的时间，有什么发现？当你有机会荣升到更高的职位时，你怎样提醒自己保持更宏观的包厢视角？当你的“舞池”越来越大时，你怎样调整自己，有效地穿梭在“包厢”和“舞池”之间？因为不同的管理位置有不同的技能要求，目前的新职位要求你学习并熟练掌握哪些新的技能？

第二个方法是列出“放下”清单，这不是一个常见的做法，因为随着阅历的增加、职位的提升、知识和技能的增长，人们一直在做加法，甚至是乘法，而我现在**建议做减法，列出你不必做的事情，即“放下”清单**，例如，当你做到管理者职位时，你可以放下你以前做员工时的工作，让下属来做，你可以看他们做或指导他们做；当你的资深下属有能力又有意愿，你想培养他做你的接班人时，你也可以把你的部分管理工作授权给他，借以提升他的管理能力。尤其在年初，职位变动、重大组织变化时，经常提醒自己把应该放下的工作交给更合适的人来做，这样可以腾出时间来学习新的技能，做你这个职位的管理者应该做的工作，你需要事先腾出时间和空间。

第三个方法是**实践终身学习**。这是老生常谈的话题，大家都知道，但是真正落实在行动上了吗？据我观察，只有 1/3 的人做到了，有大约 1/3 的人还在吃老本，存有侥幸心理，或者过于自信，直到有一天被告知年终绩效评定是低分，或者不到年底就接到通知：你被裁员了。那时再说什么都没有意义了，因为已经处于非常被动的位置了。

当然也有不那么激烈的，但都会让你不太舒服。例如，跟我一起加入公司的小张，今天宣布他提升做我的经理了；甚至比我晚两年加入这个部门的小李，刚被任命带领一个公司的重要项目，而我对那个项目比小李更熟悉。有人会说这是“政治”斗争的结果，的确只要有人的地方，多少都会有一些“政治”，但是我在所服务的企业中发现，有实力的人都是秉承终身学习的信念并付诸实践的人，有实力的人不用“政治”的辅佐也有竞争力，正因为他有竞争力，他的机会就更多！保持竞争力的最有效的方法就是实践终身学习。

那么怎么做到终身学习呢？我建议从三个方向入手。

①**由内而外**地思考自己的职业目标，当你退休的时候你希望自己职业生涯的结束点是怎样的？思考清楚这个长期目标后，把它分解成阶段性目标，然后再变成每年的小目标，我在第十招职业规划中介绍了倒写简历的方法，可以参考。每年有了自己的职业目标，就可以自我激励。

② **由外而内**地了解公司和部门的大方向和战略，与你的上级沟通，了解部门未来发展和需求，然后整合这些未来发展方向和需求，认真思考自己的

价值在哪里？怎样可以给部门和公司带来更大价值？做出方案和建议，主动与你的上级沟通，倾听他的想法和建议，达成共识，然后就是行动、汇报、反思、调整，再继续努力。

③ 除工作以外，你**个人的兴趣和爱好**是什么？工作只是生活的一个组成部分，怎样让自己的业余生活丰富多彩？德鲁克说过，年龄在 45 岁以上的员工一定要培养自己的业余爱好，因为在金字塔的组织结构里，不是所有的员工都有机会做到管理者，更不用说资深的高级经理以上的职位，那么怎样让自己不断获得成就感和自豪感呢？用业余生活弥补，每年可以为自己的业余爱好制定一个目标，例如，今年学习瑜伽，明年学习一样乐器，后年学习书法等。

再来介绍管理者怎样营造突破创新的氛围，以下有三个方法。第一，挑战现状；第二，关于挑战的沟通；第三，用脑力激荡方法开会。

1. 挑战现状

詹姆斯·库泽斯认为卓越领导者的五种行为之一就是**挑战现状**。他们认为领导不可避免地需要一个变革和将新观念、新方法付诸实施的过程。第一次世界大战期间流传着一个英国炮兵团长视察炮兵连的有趣故事。团长走遍炮兵营地发现炮兵小组的每个士兵都在忙碌着，有的瞄准，有的装炮弹，有的架起炮台，找准方向，只有一名士兵，笔直地站在炮台右前方，什么也不做。团长问他为什么站在这里？士兵回答："听从长官的命令！"团长经过认真的调查研究才发现，早期的炮台是用马匹来拉的，因此每个炮兵小组都曾经有一个马夫的角色。

但是后来炮台改成由车拉之后，这个马夫士兵的角色并没有及时地从炮兵团队中撤出，因此就出现了一个士兵没事做的情况。工作中有没有类似的情况？**随时淘汰没有必要的角色、流程、步骤，甚至产品**。随时挑战自己和自己的团队，从未来战略角度思考和审视，我们的现状可以改善吗？有哪些流程可以更简单、更有效、更合理？这里的前提条件是要清楚地了解未来发展方向和战略，然后才能从未来的角度进行思考。如果相反，从过去的角度思考，一定会为已经取得的结果非常满意。

现状多数是过去的决策积累的结果，也是通向未来的落脚点，如果不质疑现状，就意味着要一直背负着过去，而且有时可能是时过境迁的包袱，负重前行。要想有效地质疑现状，需要用未来的眼光重新审视现状，然后决定是否需要做一些改变或调整，至少可以扔下不必要的包袱，轻装前行。有调查研究发现，管理者花多少时间在过去、现在和未来三个时间段里，可以说明他的领导能力的高低。一个优秀的领导会花 30%左右时间在未来的思考和战略规划上面，而实际上多数管理者 80%～85%的时间都花在过去和现在。

2. 关于挑战的沟通

管理者需要精心设计并与员工有正式的沟通，才能让下属理解给他挑战是对他的激励，我看到很多管理者忽视了这个看上去不重要，但实际上举足轻重的一步。因为不少管理者在头绪多、忙不过来时，会比较随意地把一个任务“扔”给了下属，而下属也正在忙，或者刚刚从上级那里接过来一个任务，所以很不理解，甚至认为上级把自己当作“垃圾桶”，即什么“破事”都往下属身上“扔”。因此，关于挑战的沟通非常必要，它最好包括如下内容，为什么把这个任务交给给你，可以提升你哪方面的技能，完成这个任务给团队带来的价值，你的潜力会得到怎样的发挥，对你的未来职业发展有什么帮助等。

3. 用脑力激荡方法开会

管理者除自己做突破创新的榜样，鼓励员工突破创新以外，还可以与下属一起突破创新，比较常用的方法是脑力激荡（Brain Storming）或头脑风暴。当团队遇到了挑战，管理者可以带领成员按照脑力激荡的流程，与大家一起分析原因，共同找到有效的方法，从团队成员那里集思广益。

使用脑力激荡方法讨论需要提醒三个重要环节，第一，无论是分析原因，还是寻找解决方案，最好一开始就邀请每人用即时贴来参与，不要一开始就讨论，因为每人在即时贴上写东西是同时发生的动作，而讨论需要一个人一个人先后发言，前者同时启动所有成员的大脑一起开始工作，而后者先后发言的次序有可能影响部分成员的全力参与；第二，倾听他人分享时，请每个人把自己的评判放在一边，鼓励所有人把自己的想法充分表达出来；第三，当听到他人的想法受到启发，又有其他联想时，继续写在即时贴上并表达出来，以保证达到脑力激荡的效果。在所有人的想法都表达出来了之后，管理者可以继续挖掘："还有什么方面我们没有考虑到？"请大家再好好想想，还有哪些突破性的解决方案？

会议室的布置也可以带来创新的效果，我认识的一家互联网公司，他们有几个会议室没有椅子，每次开会大家都非常有激情，而且效率高。站着开会的形式如图 6.5 所示。站着开会，非常节省时间。

图 6.5　站着开会效率高

小 结

激励不一定需要钱，激励也没有那么玄，只要管理者有不断突破创新的意识，同时付诸实施，并且定期检查和提醒自己，他就会发现自己在不断地进步，不断地精进，不断地走出舒适区，而且发现自己有很多的潜力被挖掘了出来，从开始被他人挖掘，到后来有意识地挖掘自己的潜力，同时获得越来越多的成就感和自我实现。身为管理者还有义不容辞的责任去挖掘团队成员的潜力，让他们不断有突破和创新，提升自己的竞争力，成就更好的自己，这就是突破创新带给自己和他人的激励。

突破创新的检查清单

为了帮助管理者有效地使用非现金激励的第八招，以下用教练式辅导的方式提出了六个方面的问题。你可以通过回答这些问题，反思自己是否做到突破创新。

1．如果你认真记录自己这一周在“包厢”和“舞池”所花的时间比例，你满意吗？为什么？

2．你用什么方法提醒自己不断走出舒适区，有突破和创新？

3．如果每年你都要与你的团队分享一个新的自我突破的体验，你会分享什么？

4．从公司和部门未来战略角度思考和审视，你认为自己的部门里有哪些流程可以更简单、更有效、更合理？

5．今年你的“放下”清单会包括哪些内容？明年呢？

6．你与下属最近的一次关于挑战的沟通效果如何？他的反馈怎样？

CHAPTER 7

第 7 章

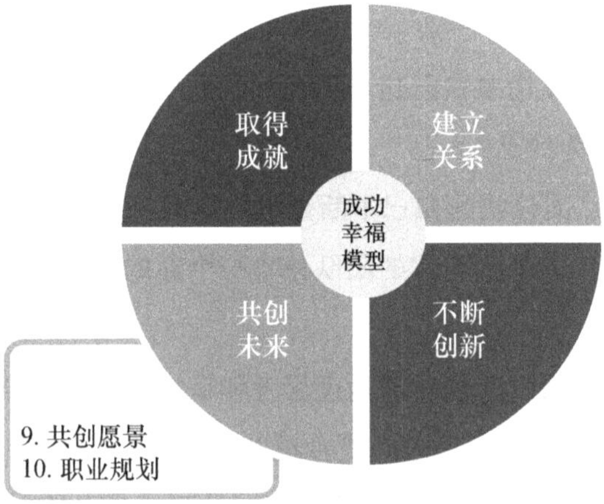

非现金激励的共创未来的两招

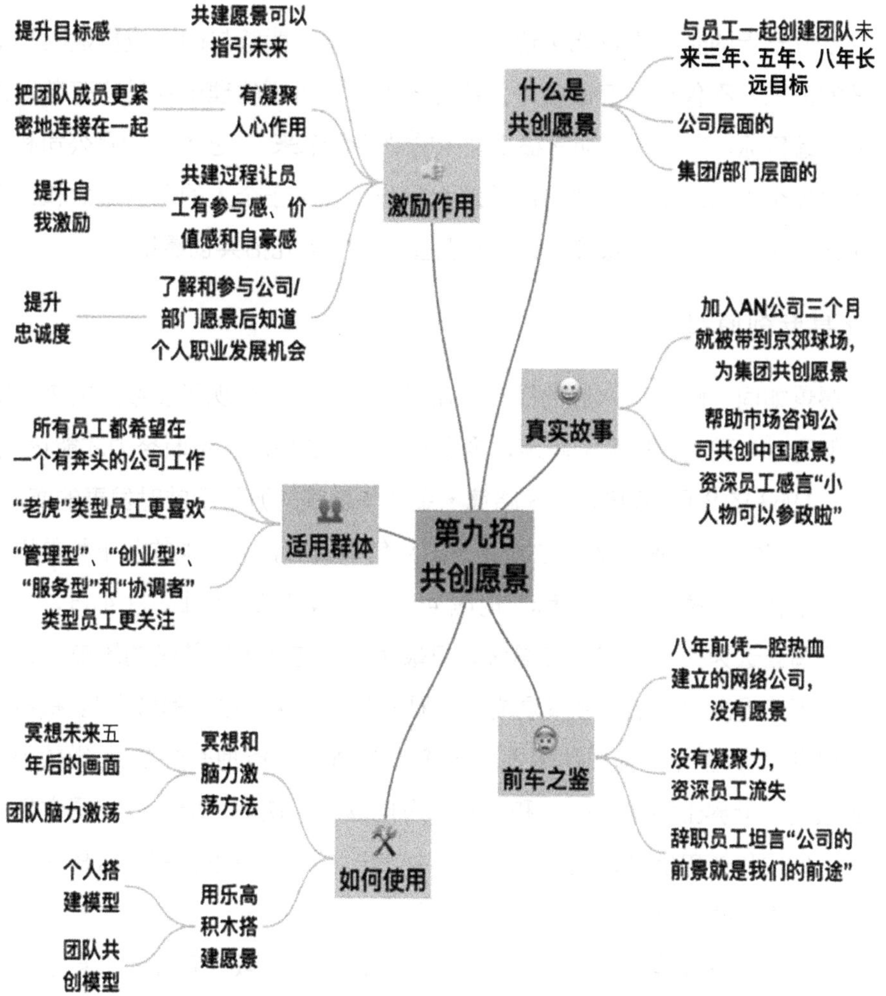
第九招
共创愿景
什么是
共创愿景
与员工一起创建团队未来三年、五年、八年长远目标
公司层面的
集团/部门层面的
激励作用
共建愿景可以指引未来
提升目标感
有凝聚人心作用
把团队成员更紧密地连接在一起
共建过程让员工有参与感、价值感和自豪感
提升自我激励
了解和参与公司/部门愿景后知道个人职业发展机会
提升忠诚度
真实故事
加入AN公司三个月就被带到京郊球场，为集团共创愿景
帮助市场咨询公司共创中国愿景，资深员工感言“小人物可以参政啦”
适用群体
所有员工都希望在一个有奔头的公司工作
“老虎”类型员工更喜欢
“管理型”、“创业型”、“服务型”和“协调者”类型员工更关注
前车之鉴
八年前凭一腔热血建立的网络公司，没有愿景
没有凝聚力，资深员工流失
辞职员工坦言“公司的前景就是我们的前途”
如何使用
冥想和脑力激荡方法
冥想未来五年后的画面
团队脑力激荡
用乐高积木搭建愿景
个人搭建模型
团队共创模型

第九招　共创愿景

基业长青的企业不仅能创造出色的业绩，不仅能够与团队成员建立长期互信的关系，不仅可以突破创新，还有一个非常重要的理由就是它有激励人心的**长远目标**，它就是成功幸福模型中的“**共创未来**”，它关注的是公司和公司里的每个人的未来，这里有两招给大家分享：关于个人的职业规划和公司的愿景，先探讨公司的愿景，它是非现金激励的第九招共创愿景。

什么是共创愿景

愿景如同一幅引人入胜的图画，比现实更美好，表现了多数人的美好追求，但同时与现实有较大的距离，需要整个团队长期的、不断努力才能达成。例如，1963 年 8 月 28 日马丁・路德・金在华盛顿的游行示威时发表的演说：“我有一个梦想……有一天在佐治亚州的红色小山上，前奴隶的儿子和前奴隶主的儿子将会手拉手坐在桌旁。”时隔 45 年之后，2008 年 11 月 4 日，非洲裔奥巴马当选为美国第 44 任总统，打破了白人垄断美国总统的历史。1955 年，麦当劳提出“我们的愿景是成为世界上服务最快、最好的餐厅”。福特汽车公司发明 T 型车后提出的愿景：“让每个美国人都能拥有汽车。”微软公司的愿景是“世界上每个办公桌和家庭都有电脑……使他们能比以往更方便地获取、集成和使用信息，让信息从指尖中流出。”令人兴奋的是 2018 年的今天再回头看这些愿景，多数已经成为现实。

愿景通常是非常有前瞻性的领袖人物提出来的，最高管理者把自己对公司未来的想法、愿望、梦想、憧憬、目标，用生动形象的语言描绘出来，一般是在企业或组织的最高管理层讨论。我特意在愿景前面加了“**共创**”两字，即由组织领导者与组织成员**共同**讨论，经过修改、提炼，最终找到大家都认可的共同点、都满意的精准表达方式，使每个人想到这个未来的目标就能感受到激励。它具有引导与凝聚组织成员的作用，尤其在不确定或有挑战的情况下，未来的目标如同迷雾中的灯塔，指引着未来的方向，把所有人的注意力聚焦在一个长期的核心目标上，使组织及其成员在面对混沌状态或艰难时期能够坚持，直到看到未来希望的景象。

我希望公司层面的愿景还要往下走几步，也就是说，每个管理者所带领的团队都可以有自己**部门**的愿景，而且**最好是管理者带领他的团队成员共同创造出来的**。愿景的魅力在于它是处于可实现而还没有实现的模糊状态，它既是宏伟的、令人向往的，同时又是非常有挑战性的，只有经过长久的努力才可能达到。正因为它处于这种未知的，又充满着诱惑的状态，让很多企业家激动和振奋，甚至热血沸腾，当然它的难度和挑战性也会让人彻夜难眠！

真实故事

我加入 AN 公司的第三个月，记得是个阳光明媚的初夏，我应邀参加上级 Eric 组织的信息产品集团的战略研讨会议，地点设在北京郊区的一个高尔夫度假村，我们八个人花了整整两天的时间讨论我们这个集团的愿景、使命、核心价值观和未来五年的发展战略。我们这个集团的主要业务是销售台式电脑和打印机，当时中国 IT 市场发展非常迅速，台式电脑的销售量比 1995 年增长 47%，但是整个中国市场在世界的电脑购买力占不到 2%，也就是说有很大的增长空间。同时竞争非常激烈，既有国内的联想，也有国外的品牌如 IBM、AST、康柏、佳能等。

在这样的大环境下做未来的战略规划，我们讨论的第一个话题是我们八个人在一起怎样工作，尤其像我这样的新人，我们之间还不太了解。我印象非常深刻的是我们每个人从 45 张卡片中挑选出自己最看重的五个价值观，然后分享为什么对我们这么重要。之后我们一起找出多数人共同选择的价值观，至今我还清楚地记得名列前茅的有达成目标、有远见、杰出贡献、让世界更美好等，相同的价值观把我们这个管理团队紧紧地连接在一起。

我们一起讨论集团未来五年的愿景，我们将带领着全国各地 60 多人的信息产品集团，对下面的三个关键问题“在未来五年我们将去哪里？”“为什么去哪里？”“我们将怎样去哪里？”做出持久性的回答和承诺。经过热烈的讨论，我们的愿景诞生了：我们是沙漠里的头车！这简单又生动的一句话具有丰富的内涵：首先，它是第一辆车，表现出我们对自己产品争夺第一的信心；其次，沙漠的环境非常有挑战性，复杂而有风险，我们要在这样恶劣的环境下争夺第一，才能保证我们始终看清自己的目标，否则我们可能落在竞争对手后边迷失自己。我是第一次参加这样的战略研讨会，两天的时间让我对同事有了更好的了解，我们一起共创的愿景一直深深地吸引着我。

2013 年，我帮助一家欧洲的市场咨询公司实施战略工作坊，我与 20 位参与者共创该公司在中国的未来五年的愿景。当我看到参加工作坊的名单里有总经理、各部门的总监和经理，还有个别资深员工时，我特意问总经理为什么邀请资深员工来参加这个战略工作坊，他的回答非常有战略意义：“第一线的员工是最了解情况的，他们是战略规划的实施者，我希望听到他们的关于未来的想法，当然也希望各层级的管理者和员工对我们共同的未来目标有比较充分的讨论。”

经过非常热烈的讨论，大家共同创建了如下的愿景：成为帮助创建中国伟大品牌的最受欢迎的顾问团队。有趣的是，工作坊之后我听到了其中一位资深员工的兴奋声音：“我们小人物也可以参政啦！”

愿景可以是整个公司层面的，也可以是在集团层面或部门层面的，因为规模较大的公司里常有很多不同性质的业务集团，而且很多跨国企业在不同的国家都有不同的特色，所以我们的不少客户把总公司层面的愿景作为方向，而在不同集团、不同国家则做出与宏观愿景协调一致，又有地方和部门特色的中愿景和小愿景，让该集团或部门的每个人都有较强的归属感。

员工直接参与愿景的创作，无论是自己所在部门的，还是高一级别的集团的愿景，都会带来巨大的激励作用，参与公司正在进行的项目是每个员工分内的事，然而参与公司未来的愿景创建，其实是在邀请员工直接参与关于公司未来的决策，这不是常见的做法，但是非常有道理的，因为管理者与员工都是公司的一员，他们的定位是平等的。

共创愿景的激励作用

一个美好的愿景能够激发人们的热情，具有强大的感召力和凝聚力。共创愿景主要有四个方面的激励作用。

第一，对未来方向的指引作用。公司的愿景，就是公司的前途。

第二，有凝聚人心，把组织和公司中的每个人与组织和公司紧密地连在一起的作用。因为是大家共同讨论而生成的长远目标，可以让成员之间形成更加坚固的纽带，相互有更强的信赖，进而产生对整体组织的归属感，这是非常巨大的合力，远远大于个体简单的相加之和。

第三，有提升公司和组织中的每个人的参与感和价值感的作用。因为共创的愿景有每个成员的投入和贡献，所以他们充分感受到自己的想法、意见，哪怕是非常不同的观点都受到的尊重和珍惜，这会产生较强的存在感，成员会更愿意分享、贡献、付出。能够成为一个伟大事业的组成部分是令人自豪的，能够投身一项有挑战但有意义的工作可以带来团队成员的自我激励。

第四，为成员提供了未来个人职业发展的广阔空间和外部环境，有提升员工忠诚度的作用。有愿景的公司可以让成员了解公司的未来发展方向和目标，如果这个目标和前景又是员工认可或参与讨论出来的，那么在这样的公司里工作本身就为成员提供了相对比较有利的工作环境和未来职业发展的各种可能性，用库泽斯的话说："追随者希望领导有'前瞻性'，有长期的打算，知晓前进的方向。"

前车之鉴

2015 年，我有机会接触到一家国内的网络游戏戊寅公司，创业八年，发展得也不错。刚开始创业时几个年轻的创始人没有制定公司的愿景，凭着一腔热血就干起来了，摸着石子过河。大家之前讨论过与公司愿景相关的问题，虽然发现有几个共同的价值观，如创新、激情、客户为中心等，还有一些比较模糊的想法，如一定要有自己的独特性，但是从来没有认真讨论过超过两年的公司目标，更没有思考过公司的愿景。

当公司发展到第八年时，创始人开始自问："我们要去哪里？路在何方？"最让他们受刺激而且非常难过的是，辛辛苦苦培养的业务骨干被"挖"走了，当他们与辞职员工沟通时才发现，员工不知道公司的发展前景，看不到公司的未来，因此只要外面有好机会、工资高点，就跳槽了。其中有一位辞职者说得更加直白："戊寅公司的前景，就是我们的前途呀！"这时几个创始人才认真地开始思考公司的未来，请外部的顾问帮助梳理公司的使命、核心价值观和愿景。

创业八年的网络游戏公司没有愿景，并不少见。像马云那样在阿里巴巴初创时期就明确提出自己要创建百年（102 年）老店愿景的公司确实不多，就更不用说那些朝生暮死，只有三五年，甚至一两年存活期的互联网公司。中国有句古话说得好："人无远虑，必有近忧。"我想把这句话改编为："人无远景，必有近失。"不能说如果当年马云没有这个愿景，阿里巴巴也许就不存在了，但是有愿景的公司，有更多的机会可以发展得更好，因为至少说明公司的管理者认真考虑过未来的发展方向，而且让员工看到了公司的前景。没有未来的发展方向，没有愿景，公司就失去了指引未来的灯塔，就失去了凝聚团队的中心，同时也就失去了团队成员的归属感。所有员工，包括管理者，都希望在一个有奔头的公司里工作。

适用群体

优秀企业成功的背后，总有一股经久不衰的推动力，那就是企业的愿景，它激励着这些企业不断向前。其实，所有人都希望自己所在的团队和公司有愿景，但是 DISC 个性特征中"老虎"类型的人，职业锚中的"管理型"、"创业型”和“服务型”的人，还有贝尔宾团队角色中的“协调者”，相对而言，对长远目标，愿景有更多的期待，因为他们更关注未来，对未来有更多的渴望，目标感更强。他们对工作的意义有更多的探索和思考，同时他们也比较擅长创建愿景。

如何使用

愿景的构思可以从德鲁克最经典的三个问题入手：第一，我们的企业是什么？第二，我们的企业将是什么？第三，我们的企业应该是什么？这三个问题集中起来体现了一个企业的使命、愿景和核心价值观。这三个方面是紧密联系在一起的，即我们的企业为什么存在，它的目的是什么；它将要发展成什么样子，去向何方；企业需要什么核心价值观的支撑以保证成为想成为的企业。因为在这一招重点探讨共创愿景的具体操作方法，就不涉及企业使命和价值观了，但是通常的做法是将愿景、企业使命、核心价值观放在一起讨论，也有不少企业把这三个元素放在愿景一个概念里。

以下介绍两种共创愿景的方法，①冥想和头脑风暴的方法；②乐高积木搭建的方法。

1．冥想和头脑风暴（或脑力激荡）的方法

冥想和头脑风暴是比较常见的共创愿景的方法。我以共创公司层面的愿景为例，邀请公司最高管理层的所有成员，8～15 人。在进入共创愿景环节之前确保满足几个前提条件，首先，这个管理团队没有新加入公司不到一个月的重要成员如 CEO、副总，或者重要成员不能参加；其次，团队成员已经比较熟悉，有一定的信任度，大家基本可以畅所欲言；最后，公司成立一年以上。如果不能满足以上三个条件，共创愿景可以暂时推迟，先做好前期的准备工作。

主持人介绍会议的目标、日程和会议公约，首先请 CEO 或总经理谈谈他对公司未来的想法。库泽斯要求领导者对未来的思考要先行一步，因为这是公司最高管理者必须要做的事。之后主持人可以分享国内外公司的一些精彩的愿景例子，供大家学习和借鉴。

愿景的时间跨度可以与大家协商，是三年、五年、八年，还是十年？确定好时间跨度，如五年，主持人带领大家进入冥想阶段，请大家舒适安坐，闭上眼睛，播放轻柔的背景音乐，同时请大家放慢呼吸，调到深呼吸。然后放慢语速，用非常有磁性的声音开始导入语："现在是 2018 年 8 月，时光飞速而过，一个月过去了，我们公司的几个大项目正在如火如荼地进行着，转眼一个季度过去……很快，一年过去了，两年过去了……公司已经发展到第五年了，虽然我们经历了很多挫折，遇到过严峻的挑战，但是，我们征服了一个又一个难题，取得了骄人的成绩，达到了我们共创的愿景和目标，我们每个人都非常高兴，为我们的公司，也为我们自己感到自豪和兴奋。

"请你想象一下最终你们达成了五年的愿景目标后是一幅什么样的画面？你们达成的成果是什么？是什么让你们取得了如此卓越的成就？你们做了什么？是和谁一起做的？此时此刻你有什么感受？你听到自己内心的声音是什么？你最自豪的是什么……"主持人请大家慢慢地睁开眼睛，在纸上写下刚才提问的答案和感受，如果愿意也可以用彩笔或蜡笔画下来。请根据公司的具体情况灵活运用和修改上面的导入语，**目的就是以终为始**。冥想之后，请**每一位**分享感悟、发现和启发。

冥想、分享和讨论之后，主持人请每人根据前边的愿景介绍和冥想的讨论在即时贴上写下你希望五年后公司发展前景必须包括的内容，可以是词语或短语，至少每人贡献三条，其实越多越好。在每人用即时贴创作愿景时，主持人需要**确保大家暂时不交流，每人自己埋头"创作"**，同时播放比较振奋又优雅的背景音乐。看到多数人写了三条以上时，邀请每人在小组分享。在这个分享阶段主持人需要提醒三个重要环节（请参考第 6 章的第八招突破创新的具体操作方法）。在所有人的想法都表达出来之后，主持人可以继续挖掘："请大家再好好想想，五年后我们的公司愿景还需要包括什么？"

充分的头脑风暴之后就是归纳和整理，如果总人数超过六个人，可以分成两个或三个小组，每组有一个白板。大家用即时贴在白板上进行分类、归纳和整理，合并同类项，找到共同的，同时也保留比较独特的。主持人请每组推荐一位发言人，把自己小组讨论的结果向大家进行汇报，以促进小组之间的交流。

然后主持人给每人发 2～4 个小圆贴（根据公司的愿景希望包含的要素数量决定），每位参会者自己决定公司愿景最重要的 2～4 个内容，贴在即时贴的分类标题上，主持人需要提醒大家在张贴小圆贴时，尊重自己的选择，暂时不与他人沟通，也不要受他人的影响（如 CEO 贴在哪里），小圆贴可以分散张贴，也可以集中张贴，参会者自己有决定权。头脑风暴后大家用小圆贴所贴的投票结果，如图 7.1 所示。参会者自己有决定权。最后主持人邀请大家分享看到投票结果的感想，大家自由发言和讨论。

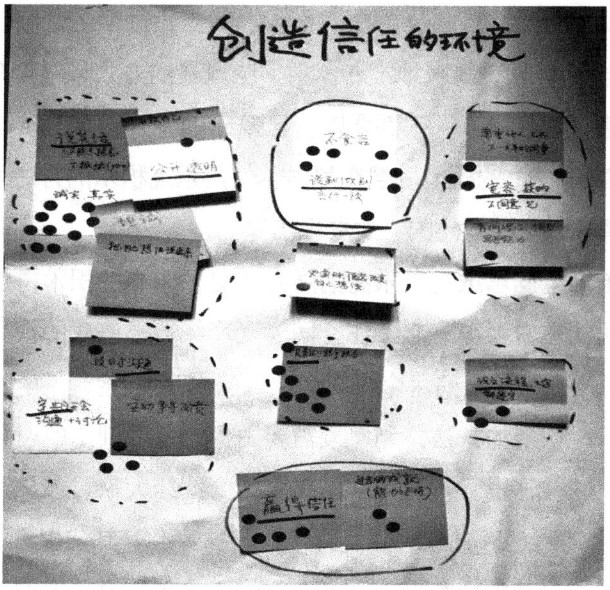

图 7.1　头脑风暴后大家用小圆贴所贴的投票结果

休息放松，有机会远眺下窗外的风景。在大家充分发表了自己关于公司愿景的看法，又通过投票看到了大家比较集中关注的条目之后，开始进入愿景的“创作”阶段。如果是超过六个人的会议，可以分组同时进行，请大家在小组里把所有的信息进行整合，用一句话来概括公司的未来发展前景。对愿景的概述有如下具体建议，小组讨论了一个初稿后再在大组中分享。

- 有挑战、必须奋力跳起来才能够到的长远目标。
- 能激励人心。
- 生动、具体、有画面感。
- 仅用一句话描述，中间可以有一个逗号。

主持人带领大家进行讨论、整合、提炼、修改、优化，力争精准地表达公司未来五年发展的前景，最终完成愿景的创作。

2. 乐高积木共创愿景的方法

用乐高积木的方式搭建出来的愿景不仅有画面感，它的 3D 立体效果可以带来更大的震撼。更重要的是，在乐高积木的搭建过程中，可以保证每一位参会者，完全平等地、100%地投入。用头脑风暴的方法，总会有人说得多，而在乐高搭建的过程中，每人都要以自己搭建的个人模型来参与和分享，这样无论表达多少，3D 的模型就摆在那里。使用乐高积木的方法可以立刻整合每个人的智慧，通过视觉化的方式展现出来。

用双手带动全脑思维也是乐高的强大优势。乐高的积木搭建可以让所有人**自始至终调动左右大脑一起工作**，同时当介绍自己搭建的模型时，有机会通过故事和想象力与参会的每个人在潜意识层面高度连接。

用搭建乐高积木的方法共创愿景需要由受过专门训练的引导师实施才能达到最佳效果，在这里我希望把方法简单地介绍给大家，如果感兴趣可以继续深造和学习。我以公司最高管理层，8～12 人举例，其实也可以是部门级别的同样人数，方法基本相同。因为这个方法不是传统意义上的开会或培训，我在介绍时会重点介绍**共创**的方法。

在预热活动中了解了乐高积木是怎样帮助人们表达自己的想法的，发现每块积木都是一个比喻，并且有机会分享自己的模型后，就可以开始步入正题，搭建公司的愿景。**先搭建个人模型，再共建愿景模型**。首先请 CEO 或总经理谈谈他对公司未来的想法，然后邀请每位搭建一个模型，表现公司未来五年的愿景。搭好模型后进入每人分享、提问、澄清阶段，确保每位都介绍了自己的模型，同时也了解了其他人的个人模型。

在共建愿景阶段，需要在桌子正中央铺放一个较大的底板，首先请每位找出自己模型中最关键、最核心的部分，即公司愿景中不可或缺的部分，再邀请大家一起讨论怎样把每个人的最核心部分放在较大的底板上面，共同组建成公司的愿景。这个阶段会有非常热烈的讨论，也是非常重要的讨论。

在参与者共建模型的过程中，播放音乐，看他们完成了共建的模型后，需要与每位参与者当场核准他的核心部分在共建模型的哪个地方。所有人的模型都要在共建模型上展现，而且是有结构地、有层次地呈现。最后邀请每位参与者隆重地介绍他们共同搭建的模型，即他们共建的愿景，确保每人介绍的公司的愿景是一致的。

此时，大家对他们共建的愿景已经非常熟悉了，从手工搭建到口头表达，从个人搭建到团队共创，思维火化的碰撞与激荡，让八位参与者的手、口、心、脑都连在了一起，这才是 1＋1 ＞ 2，＞ 10，＞ 100 的团队创作结晶，而且是立刻可见的三维效果。一个乐高模型可以胜过千言万语，这是每位管理者都能分享给他人的共创愿景的经历，而且有乐高照片为证。图 7.2 和图 7.3，就是两个公司用乐高积木搭建的公司愿景。

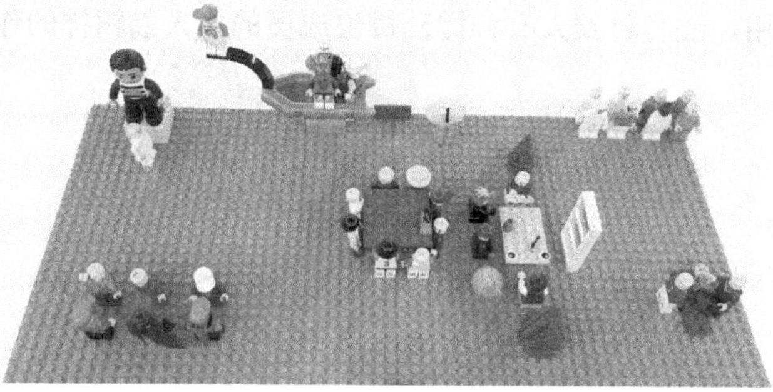

图 7.2 用乐高积木搭建的公司愿景 1

图 7.3　用乐高积木搭建的公司愿景 2

小 结

有前瞻性的领导是非常有魅力的管理者，因为他带给员工未来。几乎所有的员工都希望在一个有光明发展前景的公司工作。如果管理者可以把这个愿景清晰地展示给员工，员工就可以了解自己所在公司或部门的发展目标。如果管理者可以带领员工一起共创部门或公司的愿景，员工可以在这个共创的过程中深深感受到自己的贡献和价值，因为从本质上讲，员工与管理者一样都是公司的一员，所以愿景不仅有指引未来的激励作用，还有凝聚人心和提升每位成员的主人翁精神的作用。

共创愿景的检查清单

为了帮助管理者有效地使用非现金激励的第九招，以下用教练式辅导的方法提出了六个方面的问题。你可以通过回答这些问题，反思自己是否做到了共创愿景。

1．为什么我们的企业需要愿景？它的激励作用是什么？

2．你怎样看待愿景与一个优秀管理者的关系？共创愿景与一个优秀管理者又是怎样的关系？

3．你现在所在的公司或部门的愿景是什么？这个愿景是你们团队共同创建的吗？如果不是，你怎样把它变成团队共创的愿景？

4．如果你现在所在的公司或部门没有愿景，作为管理者，你会怎样带领你的团队成员来共同创建你们的愿景？

5．在共创愿景的过程中，你最深的感悟和收获是什么？你下属的感受怎样？

6．请你分享共建愿景带来的激励？你的最佳实践是什么？

非现金激励——如何更好激励你的下属

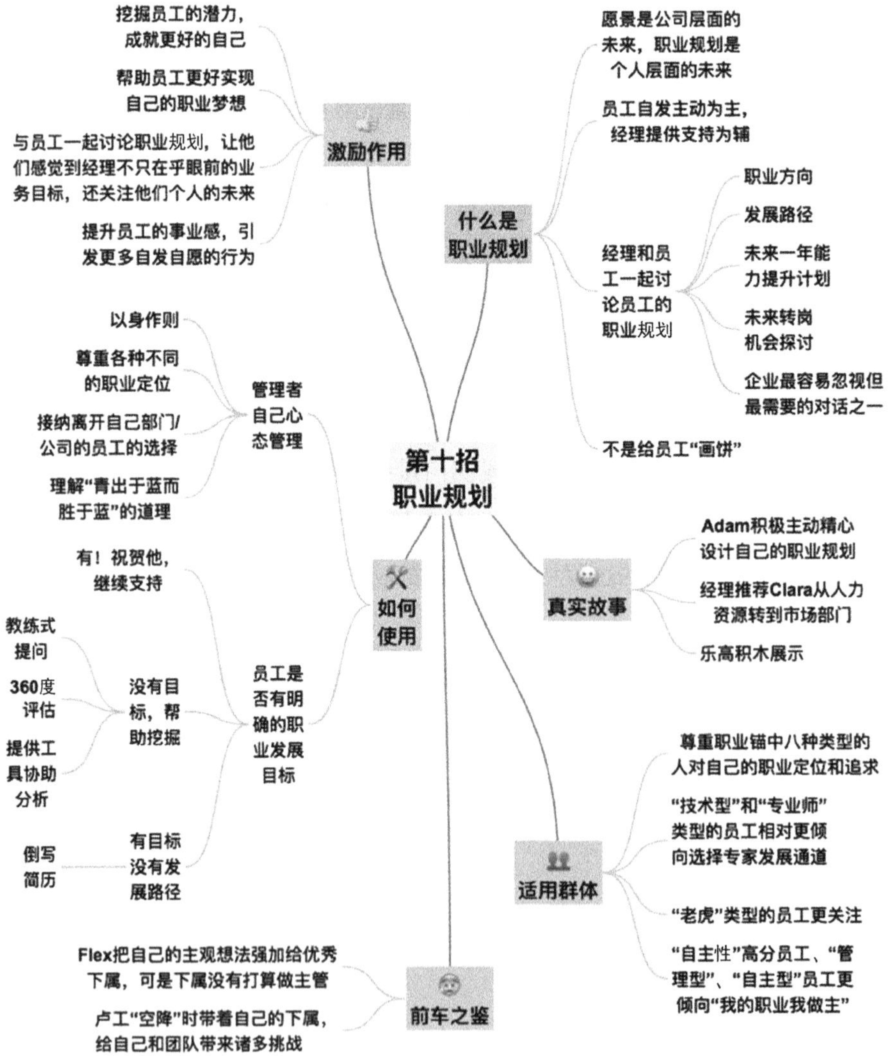

第十招 职业规划

成功幸福模型的最后一个象限是“**共创未来**”，它关注的是公司和公司里的每个人的未来。共创未来包括两招：关于个人的职业规划和关于公司的愿景。之前先探讨了公司的愿景，现在再来介绍个人的**职业规划**，它是非现金激励的第十招。

什么是职业规划

管理者与员工一起讨论员工的未来职业规划，可以是下一年如何更好地发挥自己的优势，或者提升短板的计划；可以是未来三年的职业发展路径的探讨，是专家路径，还是管理路径；还可以是给员工提供了一个转岗的机会，与员工沟通后，他欣然接受挑战，开始接触和学习新的知识和技能了；更可以是在已经达成共识的职业发展规划基础上，员工主动征询上级的反馈……总而言之，职业规划是以**员工自发主动为主，上级提供支持为辅，探讨和实施员工个人的未来发展方向**、路径和具体落地的行动方案的。

我在上一招探讨的是公司层面的未来发展方向，或者部门的愿景，而这一招专门聚焦**员工自己**的职业规划方向，这是个人层面的。当他们看到公司有比较长远和广阔的发展前景，同时发现自己在公司里有多种拓展的空间和可能性时，他们就会觉得有奔头，有前途。如果他们的上级不只是关心每年或每个月的业务指标，还能经常过问员工个人的职业规划状况，员工就会感觉非常温馨和踏实。用尼克·考利的话说：“与员工讨论未来的职业规划，是企业里**最容易忽视，但最需要的对话之一。**”

如果管理者不仅经常过问，还不断给他们创造机会，让他们在尝试新的项目过程中不断提升自己的能力，或者通过提出更高的要求来挖掘他们的潜力，或者直接放权让他们开拓从来没有涉及的领域，同时表达对他们的期待和信任，那么被赋能的员工往往可以超常地发挥，不仅给自己带来成就感，还给管理者带来惊喜。其实管理者在这里扮演的角色就是**伯乐**，不仅在招聘时是发现千里马的伯乐，而且在工作状态下，随时都可以扮演伯乐的角色，让千里马充分地表现出来。如果管理者能像老子描述的水那样“居善地，心善渊，与善仁，言善信，正善治，事善能，动善时”，那么就是对员工职业规划的最好支持。

说到职业规划，很多管理者会说：“不就是给员工画饼吗？没用！”如果管理者直接给员工介绍员工未来的规划方向和路径，就大错特错了。因为职业规划的前提条件是以员工**自发为主的**。职业规划的主人是**员工自己**。有些员工愿意寻求上级的意见和建议，上级可以分享；但是，如果员工自己没有想清楚，或者已经想得很明白了，而上级给他“画”了另一张饼，对员工不仅没有任何激励作用，反而是打击，有些员工甚至认为是对他们的不尊重。

就像公司和部门的愿景可以由管理者带领员工一起共创一样，员工的职业规划，可以在管理者的支持和辅助下共创。最后这两招，无论是公司层面的，还是个人层面的，都是关于未来的探讨，通过共创未来达到激励的目的。

真实故事

Adam是一位从香港来大陆工作的一家IT行业的外企公司管理者，他的职业发展很有启发意义。他从带领10多人的初级经理，很快成长为率领3 000多人的业务集团总经理。有一天我向他请教如何有这样顺利的职业发展，他笑笑说：“我是一个非常幸运的人……当然我也承认这里有我的精心设计和非常多的付出！”Adam是在香港加入MZ公司的，开始时做产品专员，三年后做到了产品经理。通过几年的观察，他发现MZ公司是一家有愿景的公司，在这里可以有长足的职业规划。刚来大陆时，他只有一年的团队管理经验，而且都在产品部门，但是他已经有明确的职业目标：争取在5~10年做到集团总经理。

他告诉我他的职业规划的秘诀就是，每年年初向自己的上级认真请教并讨论，我怎样可以成长得更快？我做到了什么可以在年终评定时得到最高的评分？更重要的是，他每年都认真履行自己的诺言，勇于付出，让自己真正出类拔萃。我目睹了他的无私付出和高度的敬业，当然也看到了他的快速成长。两年时间，他就被提升到产品总监的职位，第三年从产品部门转到渠道销售部门，这是一个他不太熟悉的领域，但是他没有丝毫的犹豫，勇敢地走出自己的舒适区。第五年他被任命为集团总经理，不仅负责他已经了解的渠道销售和一个产品部门，还负责集团下他不熟悉的大客户销售，另两个产品部门和商务等部门。如果用乐高积木模型来展示 Adam 的职业发展规划（见图 7.4），可以发现，他自始至终都有橘黄色的积木，代表他的产品部门，但是随着他的职业拓展，他不断地增加了各种颜色和不同形状的积木，代表他负责领域的持续扩展。

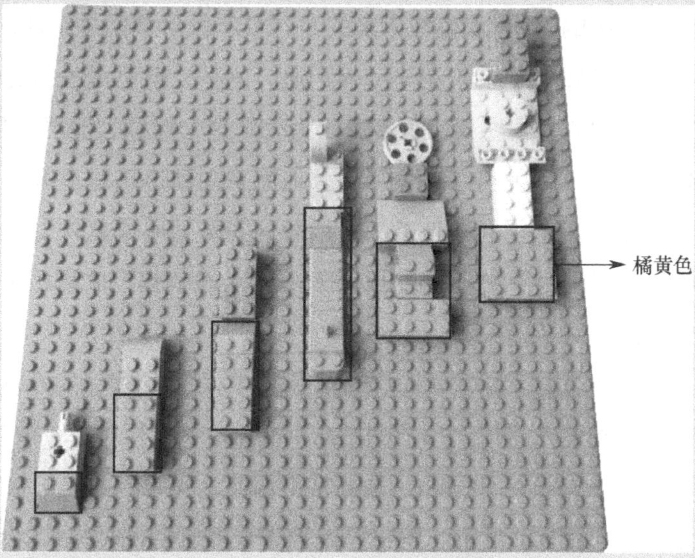

图 7.4　Adam 的职业发展规划

第五招认可与反馈提到过的 FS 公司的 Diana，她给我分享了怎样帮助她的下属规划职业发展，这是一段开始被误解后来才得到认可的经历。Diana

所在的原人力资源部门有三名员工，可在FS公司经历收购和合并后，只要两名员工。前思后想，认真对比之后，Diana决定留下一名在上海的原公司员工和一名在北京的被收购公司的员工，让其中的一个原公司的下属Clara，转到市场部。论个人关系，Diana与Clara是最好的，而且一起合作的时间最长，Diana非常欣赏Clara的沟通和表达能力，同时相信她的巨大潜力可以在市场部更好地发挥出来。

但是，当Diana与Clara沟通此事时，Clara非常难过，甚至哭了起来，很不理解为什么选择了被收购公司的人，反而把她“推了出去”……五年之后，当Diana和Clara再见面时，非常高兴地发现Clara变得更自信了，她甚至得意地告诉Diana：“现在想想我当时离开公司的人力资源部门还哭了一鼻子，真没出息……我发现我的优势真的在市场部门，我最风光的日子都在市场部体验过了……”

第一个案例中的Adam渴望在未来的5～10年做到集团总经理，因为有了这样的目标，他会每年年初主动与上级沟通，怎样让自己成长得更快；因为有了这个目标，他心甘情愿付出很多；因为有了这个目标，他严格要求自己，每年必须做到最好；因为有了这个目标，他愿意主动走出舒适区，了解不熟悉领域，快速学习新知识和新技能……所有这些努力不是靠外力推动或强加给他的，也不是靠上级画饼可以画出来的，是靠Adam自己的积极主动，脚踏实地干出来的。

当然，不是所有的人都像Adam一样有明确的目标、很强的内驱力，也很了解自己的渴望和潜力。第二个案例中的Clara开始就是相对比较被动的角色，当被告知要离开人力资源部门时，她非常不情愿，也很不自信，当时她自己也没有长远的职业目标。然而，变化可以带来很多机会，时代可以造就英雄，那就是公司的合并或改组，Diana作为Clara的经理，推波助澜地把她放到了风口浪尖，把她从比较熟悉的领域“推”到了她并不了解，但是非常合适发挥她的潜力的领域，这就是乔哈里视窗所展示的Clara自己不知道，但是他人可以看到的“盲区”。

当 Clara 进入自己不熟悉的领域时，深知自己不会做市场工作，她就进入了“**知道**自己**不知道**的阶段”，我在第 3 章介绍过，这是非常关键的思维转换阶段。因为 Diana 与 Clara 的信任关系，她勇敢地接受了这个挑战，抱着试一试的态度上岗了，结果不到五年的时间，她就做到了跨国公司中国市场部总监的位置，同时她还成就了最辉煌的自己。在这里，管理者的作用就是为员工提供各种各样的机会，哪怕员工开始不认可这些机会都没有关系，只要他们愿意去尝试，他们就有机会看到自己的职业发展，就有可能找到他们内心的渴望和期待，同时他们也可以看到自己的潜力被挖掘和开拓，他们会对自己有更多的信心。

职业规划的激励作用

员工在一个企业或组织里工作，表面上是挣得一份工资，实际上是挣得一份自信、一份能力、一份市场竞争力。只为工资而工作，那是纯粹的打工心态，也没有必要谈什么职业规划；如果员工非常喜欢自己的工作，则他在做他渴望做的事、他认为有意义的事，他可以不计较加班，因为他深知自己工作的价值，他是在为自己的事业忙碌。辛苦，但快乐着，这种快乐是由内而外的，这就是工作与事业的本质区别：工作经常是为别人做的，而事业常常是为自己做的。这就是为什么经常听说自己创业的人都在为自己的梦想而忙碌，这也是自我激励的重要源泉：看到了工作的意义。

那么，在企业里如何创造一个环境让员工做他们渴望做的事，让他们在为公司工作的同时也为自己找到那种事业感？职业规划就是最好的方式，因为职业规划是以员工自发为主的，这里谈的职业规划的前提条件就是**由内而外**的，找到员工内心的声音，找到他们最渴望做的事情，而且不仅是现在的，还有未来的，如果不是未来 10 年的梦想，最好也是未来三年或五年的目标。

职业规划不一定一直都限于一个部门或公司内部，我们都是社会的人，我们允许自己，也允许自己的员工是流动的。大多数公司都在想方设法保留优秀人才，我自己在业务集团的人力资源工作 14 年，有非常切身的体会，如果有关键职位的优秀人才流失了，的确压力很大。但是，见多了，了解了人才市场的动态情况，反而真诚地祝福离开的员工可以有更好的职业发展，同时也希望优秀员工的离开可以让管理者更好地反省自己的管理。

管理者必须要有一个**搭建梯队**的意识和行动，这不仅是为了预防关键员工的流失导致的空缺，更主要的是事先与员工沟通好职业规划，而且这个沟通不是上级把自己的想法告诉员工就完成任务了，最关键的是了解员工的想法，探讨上级的期待与员工的想法的匹配度。

重大的项目不是靠一个人完成的，而且项目中每位参与者的职责和角色也是不同的，如何让员工了解各个项目对他们能力的提升要求，让他们有机会自愿表达现在或将来参与的程度？管理者不只是在完成一个又一个项目，更重要的是在完成每个项目的同时，观察团队中的每个人，培养和开发他们的能力，让他们适得其所，同时还要有些挑战，让他们在克服挑战的过程中获得成长，为他们的职业发展铺路。

职业规划对员工的激励作用主要体现在以下四个方面。**第一，职业规划能帮助员工挖掘潜力**，前面介绍乔哈里视窗时谈过，每个人都有自己并不十分了解的巨大潜力，而挖掘这些潜力的最好方法就是实战，即在迎接挑战、应对挑战、克服挑战的过程中发现自己的优势、特点和擅长。第五招认可与反馈中的小沈的故事就是很好的例子，管理者就是要创造这样的机会，让员工不断有机会看到自己的潜力，让自己有更多的机会绽放最棒的自己。

第二，管理者与员工一起讨论职业规划，能更好地帮助员工实现自己的职业梦想。这里的关键点是上下级一起讨论，最终成就的是员工的职业梦想，而不是管理者给员工画饼，员工帮助管理者完成部门的目标。它们之间可以是一致的，但有时不是一致的，或者在短期是一致的，但在中长期不是一致的，这就需要管理者与员工就未来的发展方向有定期的沟通，因为管理者对员工的看法、员工对自己的认知都在不断清晰和深化。

第三，职业规划能促使员工自发改进，主动提升技能。当员工（包括管理者）自己有了比较清晰的职业定位和目标时，员工是自我驱动的，他会主动向上级请缨，接受有挑战的工作，就像前边第一个案例中的 Adam 一样，在克服挑战的过程中提升自己的能力。因为完成自己胜任的工作可以很好地发挥自己的优势，也可以追求卓越；但是只有迎接没有做过的有挑战的工作才可以拓展自己的能力，同时发现自己的短板，才可以有意识地修补自己的短板，这是一个不断走出自己的舒适区的过程，也是一个不断开拓和完善自我的过程。这个过程在开始时会比较痛苦，会体验很多挫折，甚至失败，但是只要心里有目标，有韧性，能坚持，有上级的支持和鼓励，就一定可以让自己的技能不断提升、纯熟、精湛，最终实现自己的职业梦想，那是最好的自我实现。

第四，与员工讨论职业规划让员工感到管理者不只在乎眼前的业务指标，还关心员工的未来。在有些企业，员工被管理者当作实现业务目标的工具，尤其在比较强势的企业文化里，管理者不断提出更高的要求，员工疲于奔命，在这样的公司里，员工不知道自己的未来，也没有人关心他们的未来，也许这就是大家所说的"狼性文化"，所以才会出现"铁打的营盘，流水的兵"。

我这里特别强调的是员工与管理者都是独立的个体，他们首先需要建立互信的关系，然后在工作中互相帮助、相互支持、相互关心和相互依赖，因此，管理者关心员工的未来是必然的，也是必需的。如果员工还没有想明白自己的职业规划方向，管理者可以分享经验，可以提供反馈和建议，提供分析工具，可以耐心等待。如果管理者表现出漠不关心，替员工做主，或者干涉员工自己的职业规划和想法，这只会带来负面的效果。

前车之鉴

2012 年，我的一位客户 Flex，金融行业外企公司资深经理给我分享了他在帮助下属张明做职业规划方面的一次失败的经历。加入公司四年的张明表现一贯出色，并且喜欢埋头干活，踏实可靠。虽然 Flex 有时感觉张明有点独往独来，但是他的工作常常超出期望值。作为其上级，正准备给张明一个机会让他带领一个小团队，培养他一年后做主管。可张明早了 Flex 一步，先发出了辞职信。

Flex 立刻找张明开诚布公地交谈，诚恳地挽留，做职业愿景的勾画，这些都没有打动张明，他还是决定离开。但是 Flex 告诉我他最大的收获是发现了自己的三个盲点："第一，张明竟然不知道我挺认可他；第二，最近我给张明的任务 60%是重复性的工作，而他更喜欢有挑战的新项目；第三，张明不喜欢，也不擅长与人打交道，他只想做技术专家。"张明离开后加入的新公司其实比原来的公司还小，但是给他机会做从来没有做过的亚太地区的项目。张明的专家发展路径如图 7.5 所示。在图 7.5 中，除了第二段是不同的颜色，其他都有黄色，这是比较典型的专家职业规划路径。

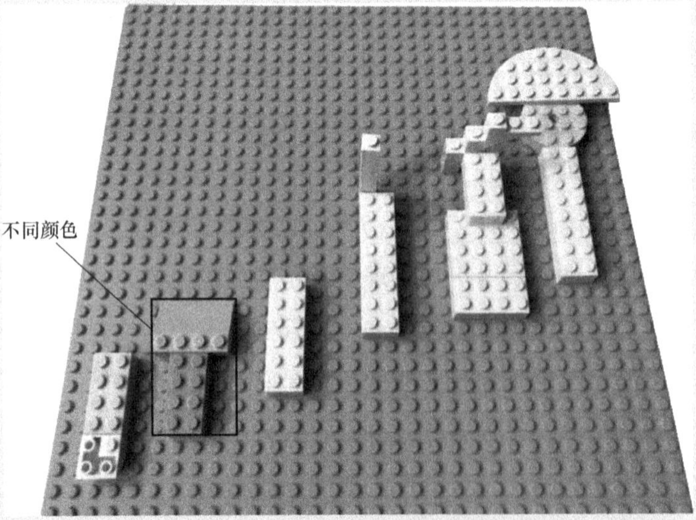

图 7.5　张明的专家发展路径

2015 年，我在领导力课上认识一位刚刚从外企"空降"到私企庚辰公司的中层管理者卢工，他给我分享了遇到的挑战。因为自己从外企跳槽到私企，有些"水土不服"，他就从自己以前公司的下属里"带"过来了一位主管小赵，希望通过小赵来推动自己部门的工作。因为小赵曾经是卢工的下属，了解他的思路，做事效率高。为了给小赵腾出位置，卢工没有认真观察自己现有的团队成员，凭着自己的直觉，就把他第一眼看上去不太喜欢的主管转到其他部门去了，而且还编了一个明白人都看得懂的"理由”，即现在不需要这个职位了。

在未来的一年的工作中，卢工遇到了各种各样的“人为”困境：①虽然自己很努力，但是新官上任的三把火就是烧不起来，他很不理解；②下属的主管层，除了小赵，都很被动，推一推，动一动，明显感觉有隔阂；③小赵的下属也给他带来很多挑战，虽然有个别的员工比较积极主动，但是整个团队士气低落；④卢工的平级经理，对他“敬而远之”。

唯一让卢工振奋的就是他的上级，经常给他打气，同时也给他很大压力：“我可是花大价钱把你请来的，希望你能给我们企业带来一些起色。”经过整整一年的时间，卢工终于把自己融入了庚辰公司，而且深深地爱上了这个企业，他才明白他的一个不经意的举动（带小赵过来），虽然在不少企业里都听说过，却给卢工自己和他的团队带来了非常负面的影响，用他自己的话说：“教训惨重，但非常深刻！”

分析一下这两个案例，Flex 没有成功挽留住优秀下属张明，主要有三个原因，正好与 Flex 的三个盲点密切相关。首先，Flex 虽然非常认可张明，但是并没有告诉他，没有使用第五招认可与反馈，至少没有让张明明确地感觉到；其次，Flex 并不了解张明的职业兴趣点，他喜欢有挑战的工作，很可能是职业锚中的“挑战型”；最后，也是最致命的一点是，Flex 企图用多数人感兴趣的**管理通道**为张明勾画他的职业未来，这与张亮自己设计的**专家通道**有本质的区别，因此不能构成对张明的吸引力。

中国古话说得好：“士为知己者而死。”如果下属没有得到上级的理解，他只好继续寻找理解他的上级。像 Flex 这样的管理者是有一定代表性的，因为多数人都是倾向选择从员工到管理者的职业发展路径，所以，有时会想当然地认为自己的下属也会这样想。殊不知，现在的技术专家通道已经被越来越多的技术专才所选择，而且也有越来越多的企业为员工开辟了这样的发展空间。

第二个案例中的卢工也是有典型意义的，因为多数企业都在追求效率，有时也想通过引进不同性质或风格的管理人才，来给自己的企业和部门带来刺激和改变，卢工就是其中一个。他把原公司的下属主管小赵带过来，给自己的部门带来了 系列的猜测。虽然卢工不一定认可，但是大家的猜测是无法阻拦的。①卢总不信任我们，只信任他自己的人，即小赵。②原来小赵位置上的主管被“骗”走了，卢总将怎样“骗”我们？③小赵会不会是卢工“换血”的第一步，其他主管会不会也被逐步换掉？我们要不要开始寻找下一个位置了。④主管的位置都从外部找，员工还有什么发展空间？⑤平级的同事自从卢工就职也开始观察和反思，我们的上级开始用外企的经理了，这是试验田，还是简单地在我们中间“掺点沙子”？

有了这一系列的猜测，就很容易理解为什么卢工开始第一年的工作会如此艰难，而且是 180 度的挑战。最主要的是小赵的到来，让卢工的部门和下属感觉上升的空间被堵住了。

适用群体

所有的人都需要职业规划，但是 DISC 个性特征中的“老虎”类型的员工对职业规划有更多的期待，他们很有自己的主见，比较自信，更关心未来的发展方向，也比较愿意主动与上级沟通他们的未来发展。“猫头鹰”类型的人对未来发展也很有自己的想法，但是他不会轻易表达，有时也会表现出犹豫，他们期待上级的理解和支持，如果没有得到理解，他们会比较失望，张明就是比较典型的例子。

刚毕业的大学生，也许一开始没有太多思考，谁发了录用通知书就去那里试试，然后跟着感觉走。没有经过认真思考和规划的职业发展现状如图 7.6 所示，这都是常见的情况。工作五年之后，再开始认真思考自己的职业发展。

围巾保护层中“自主性”得分较高的员工、职业锚中的“管理型”和“自主/独立型”的员工会更倾向“我的职业我做主”，对上级不了解情况就画饼会比较反感。因此，管理者首先要了解员工的个性特征和偏好，采取个性化的方法来与他们讨论他们的职业规划。第 3 章介绍了八种不同的职业锚：“挑战型”、“安全/稳定型”、“生活型”、“技术/职能型”、“管理型”、“自主/独立型”、“创业型”和“服务型”。不同的职业锚会有不同的职业规划方向、路径和具体操作方法，如“技术/职能型”的员工选择专家发通道的人会相对较多，“安全/稳定型”的员工会很关注职业规划，因为这可以带来未来的稳定感和安全感。因此，管理者最好在了解每个人的类型之后，换位思考，接受其多样化，因人而异地提供支持和辅导。

图 7.6　没有经过认真思考和规划的职业发展现状

如何使用

以下具体介绍管理者如何通过协助员工完成自己的职业规划来达到激励和保留员工的目的。从以下两方面来介绍：第一，管理者自己的心态管理；第二，员工的职业发展目标。

第一，管理者自己的心态管理。谈到职业规划，管理者首先要问自己，我有职业规划吗？如果已经有，祝贺你！因为你已经做到了以身作则。其次，管理者需要提醒自己尊重每个人的职业定位和追求，有些人与你的职业规划目标非常相同，有些人与你略有不同，还有些人与你完全不同，每个人都有权利选择自己的职业发展道路。

同时还需要不断开放自己的心态，接受和包容也许不太理解，但是对员工是有意义的职业追求，如离开自己的部门，加入其他公司，甚至是竞争对手的公司。管理自己的心态管理还包括接受“青出于蓝而胜于蓝”的必然规律，做好有一天你的员工会超过你的心理准备。

第二，员工的职业发展目标。如果员工已经有了比较明确的职业发展目标了，祝贺他！带着好奇心倾听他的分享（在他愿意分享的情况下）。然后，问问他是否已经做出从现在到未来职业目标的发展路径图。如果已经有了，再一次祝贺他，因为他是一个可以自我激励的员工；也可以祝贺一下自己，因为你在招聘时选了一个自我驱动的员工，好奇地倾听他的分享，**最好是双向互动的讨论。**同时继续问他作为他的上级，在职业规划方面还可以提供什么帮助。管理者可以根据自己的实际情况提供支持，甚至可以主动提出在定期的一对一沟通时专门留出时间来讨论职业规划的进展。

如果他没有比较明确的职业目标，可以通过教练式辅导的方法帮助他挖掘出自己的职业目标。有如下几个问题仅供参考，请员工认真思考每个问题，让他们的思绪自由飞翔，不加任何评判，请员工不受任何限制地记录下自己内心的声音：

- 当你 60 岁或 65 岁退休的时候，回忆你的职业生涯，你最得意的成就会是什么？你与谁在一起？在哪里？你会用什么词来描述自己在职场上的身份？
- 当你 80 岁的时候，回忆往事，你深感自豪的会是什么？为什么？
- 在你很小的时候（六岁或八岁）你就梦想自己是谁？你梦想自己长大做什么？
- 从小到大，你最崇拜的人是谁？他的什么品格、做的什么事、说的什么话给你留下了如此深刻的印象？为什么？
- 当你把前边所有的答案进行整合后，你有什么发现？

也可以通过职业锚的测试（参考第 3 章）更好地了解自己的职业定位，或通过 360 度反馈来更好地了解自己的优势和需要拓展的空间。找到自己的职业发展目标不是一蹴而就的事情，需要时间的沉淀，用心思考，认真地倾听自己和他人的声音，然后进行整合和升华。

如果找到了职业目标，但是没有从现状到未来目标的发展路径图，我推荐使用“倒写的简历”的方法，这是一个非常有效的为自己设计未来职业发展路径的工具，即**从目标倒推到现状的虚拟简历制作方法**。与大家熟知的简历制作方法最主要的不同点在于**关注未来，以终为始**。倒写的简历示例如图 7.7 所示。在图 7.7 中，左下角是正在读书的本科生状态，右上角是未来的职业目标，所谓倒写的简历就是从未来的目标倒着推算，为了达到这个最终目标我必须要做好什么准备，这就是第一步；然后再继续倒着推，为了达到第一步，需要做好什么准备，这就是第二步；以此类推，每一步都是未来要走的重要里程碑，也是未来简历的主要脉络。做好倒写的简历之后，就可以开始实施行动计划了。实施计划的路径与倒写的简历方向完全相反，是从第七步，第六步……走到第一步。

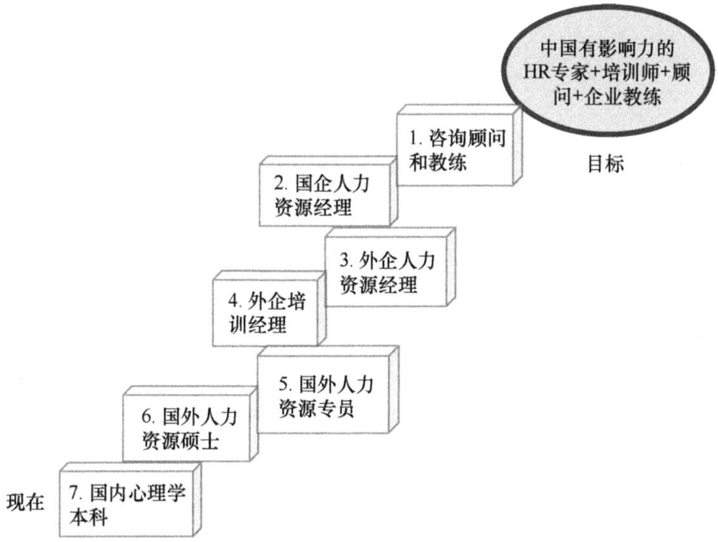

图 7.7　倒写的简历示例

小结

激励不一定非要钱，激励也没有那么玄，只需要管理者在追求完成公司和部门的绩效目标同时能够关注员工的未来职业发展，辅助员工找到他的职业目标，与他们一起勾画未来的职业规划路径，适时提醒他走出舒适区，敢于尝试新的方法，探索未知的领域，采取多方位的职业规划路径和方式，最终让员工为自己的职业发展负起责任，自我驱动。他们一定会给自己、上级和公司带来很多惊喜。

职业规划的检查清单

为了帮助管理者有效地使用非现金激励的第十招，以下用教练式辅导的方式提出了六个方面的问题。你可以通过回答这些问题，反思自己是否做到有职业规划并帮助员工进行职业规划。

1. 你为什么要工作？你的职业目标是什么？是怎样做出来的？如果没有，请尝试通过教练式辅导的方法帮助自己挖掘出自己的职业目标，并分享给下属。

2. 请回忆你的职业发展过程中你的上级采用过什么方法让你在职业上有了一次质的飞跃？这给你带来了怎样的激励效果？你怎样应用同样的方法给你的下属带来职场上的飞跃？

3. 你的职业锚定位在哪里？你怎样用它帮助自己进行职业规划？你怎样用职业锚帮助下属进行职业规划？

4. 你曾经有过转岗、内部调动、跳槽的经历吗？这段经历对你的职业发展有哪些好处？给你带来哪些风险和挑战？

5. 你尝试过“倒写的简历”的方法吗？如果没有，请尝试一下，然后把你的收获和想法分享给下属。

6. 你成功地挽留过你团队里的优秀员工吗？是怎样做到的？怎样事先预防优秀员工的流失？

到目前为止，我已经把非现金激励的十招介绍完了，这最后两招“共创愿景”和“职业规划”是第一招“清晰职责”的重要背景和来源，这样从第一招到第十招形成了一个完整的闭环。我前边说过，虽然我是从第一招开始介绍的，但是激励的招数不分前后，管理者可以根据激励对象的情况从任何一招都可以开始。

如果管理者可以经常想到成功幸福模型，定期提醒自己在**取得成就**、**建立关系**、**不断创新**和**共创未来**这四个层面有所耕耘，我相信他一定会在这四个层面收获颇丰，同时他的团队成员也一定可以收获成就感、良好的人际关系、不断突破创新的成果和长远的职业发展。

老子曰："上士闻道，勤而行之；中士闻道，若存若亡，下士闻道，大笑之。"德鲁克说："归根到底，管理是一种实践，其本质不在于'知'，而在于'**行**'。"亲爱的读者，如果你读到了这里，你现在已经全面了解了非现金激励的思维与方法，知道了如何更好地激励你的员工。下一步就是**应用和实践**，让你知道的知识变成你的技能，完成从知道到掌握的跨越，相信你的"勤而行之"一定帮助你成为能激励人心的、更优秀的管理者！

参考文献

[1] 张松辉. 老子译注与解析[M]. 长沙：岳麓书社，2008.

[2] 詹姆斯·库泽斯，巴里·波斯纳. 领导力：如何在组织中成就卓越（第6版）[M]. 徐中，沈小滨，译. 北京：电子工业出版社，2018.

[3] 詹姆斯·库泽斯，巴里·波斯纳. 留下你的印记：体现领导力的最高境界（钻石版）[M]. 刘旭东，牟立新，王士会，译. 北京：电子工业出版社，2017.

[4] 艾德里安·高斯蒂克，切斯特·埃尔顿. 一天一根胡萝卜：365天的员工激励方案（钻石版）[M]. 罗艳林，译. 北京：电子工业出版社，2017.

[5] 彼得·德鲁克. 管理的实践[M]. 齐若兰，译. 北京：机械工业出版社，2009.

[6] 彼得·德鲁克. 卓有成效的管理者[M]. 许是祥，译. 北京：机械工业出版社，2005.

[7] 史蒂芬·M.R. 柯维，丽贝卡·R. 梅丽尔. 信任的速度：一个可以改变一切的力量[M]. 王新鸿，译. 北京：中国青年出版社，2011.

[8] 丹尼尔·平克. 驱动力（经典版）[M]. 龚怡屏，译. 杭州：浙江人民出版社，2018.

[9] Marshall Goldsmith. What Got You Here Won' t Get You There[M]. New York: Hyperion, 2007.

[10] Nick Cowley, Nigel Purse. 5 Conversations[M]. London: Panoma Press, 2014.

[11] Beverly Kaye, Sharon Jordan-Evans. Love'em or Lose'em: Getting Good People to Stay[M]. San Francisco: Berrett-Koehler Publishers, 1999.

[12] Marilyn Atkinson.Inner Dynamics of Coaching[M]. Vancouver: Exalon Publishing, 2007.

[13] Ram Charan,.The Leadership Pipeline: How to Build a Leadership-Powered Company[M]. New York: Jossey-Bass Publisher, 2001.

[14] 吉姆·柯林斯. 从优秀到卓越（珍藏版）[M]. 俞利军，译. 北京：中信出版社，2009.

[15] 丹尼尔·戈尔曼. 情商：为什么情商比智商更重要[M]. 杨春晓，译. 北京：中信出版社，2010.

[16] 保罗·赫塞. 情境领导者[M]. 麦肯特企业顾问有限公司，译. 北京：中国财政经济出版社，2003.

[17] Bill George, Peter Sin. Discovering Your Authentic Leadership[M]. New York: Harvard Business Review, 2007.

[18] 毛泽东. 毛泽东选集（第三卷）（第2版）[M]. 北京：人民出版社，1991.

反侵权盗版声明